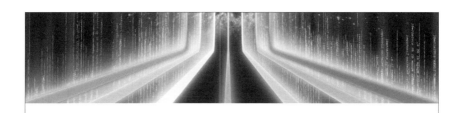

Seven Strategy Questions:
A Simple Approach for Better Execution

7つの問い
戦略実行のエッセンス

ロバート・サイモンズ【著】

國部 克彦【監訳】

天王寺谷 達将・中澤 優介・金 宰弘【訳】

中央経済社

監訳者まえがき

　ハーバード大学ビジネススクールのロバート・サイモンズ教授は，経営戦略を実現するためのマネジメントコントロールシステムの研究で世界的に著名である。サイモンズ教授は，それまで個別の手法の集合体として理解される傾向の強かったマネジメントコントロールのシステムを全体としてみる戦略的視点を確立し，さらにその視点から戦略実現のための手法を体系化してきた。戦略とは，分析（analysis）ではなく，総合（synthesize）であるから，それを支援するシステムも総合的に考えなければならない。サイモンズ教授の視点はそこにある。

　しかし，分析に比べて，総合は難しい。分析であれば，問題に対して何らかの方法を適用して，答えを導出すればよいのであるが，総合するための方法は科学的に構築することが困難である場合が多い。なぜなら，状況によって，望ましい解が異なるからであり，その状況をすべて見通せない以上，標準的な手法を確立することができないからである。

　総合とはいろいろな要素を統合することであると理解される場合も多いが，戦略実行の局面では，多様な要素を寄せ集めるよりも，むしろ不必要な部分を排除することの方が重要であり，残された重要な要素間の優先順位付けが必要になる。この優先順位付けの指針が固まれば，あとは自然と要素を体系化することができる。これが総合である。このような行為は，個別の経営管理の手法では達成することができない。なぜなら，管理手法はこのような総合のための戦略的思考が出来上がった後の支援方法だからである。

　本書は，この戦略的思考の組み立て方を簡単な7つの問いを並べる形で解説したものである。戦略として，何を総合するのかということは，とりもなおさず，何を中心に要素を統合していくかということであり，まず中心を示さなければ，総合はできない。それが第1の問いである「誰が最優先顧客なのか？」であり，それを支えるのが「中核となる価値観（core values）」である。この構図が理解できれば，あとの問いは自然に流れていくであろう。しかも，本書

が提供する豊富な企業事例は，これらの問いを現実問題として理解することを助けてくれる。

　世に戦略の本は数多くあるが，これほど簡潔にまとまった書物は他にない。それを可能にしているのが，問いの形式である。各章をみるとよくわかるであろうが，タイトルが問いになっているだけでなく，小見出しでさらにいくつもの問いに枝分かれしている。問いとは，未来に存在している可能性をみつけることである。問いなくして新しい未来は開けない。その意味で，戦略とは問いの体系なのである。その際に，問う順番を間違えないことが肝要である。問う順番を間違えるということは，電車に乗り間違えるようなもので，行き先まで変わってしまうかもしれない。サイモンズの7つの問いがなぜこの順番で並んでいるのか。常に考えながら読んでみると，理解がより深まるはずである。

　また，サイモンズの7つの問いは，最後に不確実性を問うことによって，最初に戻るループが用意されていることにも注意されたい。企業が，ゴーイングコンサーンを前提とする以上，持続的な行動様式が必要で，この7つの問いはその様式を構成している。7つの問いというクローズドループを回すことで，企業は外部に適応可能になると同時に，組織としての一貫性を維持できるのである。これ以上の戦略はないであろう。

　本書は，サイモンズ教授の理論を自身の研究に応用している私の研究室出身の若手研究者の企画に基づくものである。立場上，監訳者を引き受けることになったが，改めてサイモンズ教授の著書を読み返してみて，戦略実行のエッセンスをこれ以上ないほど，コンパクトにまとめられた本書の意義を，日本のビジネスマンに伝える機会ができることを大変うれしく思っている。また，出版にあたっては，中央経済社ホールディングスの山本継会長，編集部の酒井隆氏にも大変お世話になった，記して謝意を表したい。

2021年1月11日　コロナ禍で自宅勤務の書斎から

國部　克彦

目　次

イントロダクション

Introduction

　多くの経営者は，新しいマネジメント技法に疑いを持ち始めている。コンサルタントおよびビジネス関連の出版物は，画期的な業績の向上を約束する新しい方法を絶えず喧伝しているが，そこで示されるアイデアは，事業環境に合わないものであるか，その導入が割に合わないものであることが多い。

　筆者は，事業における複雑な問題に万能な解決策で対処しようとする思い上がりについて，常に心配してきた。ハーバード大学ビジネススクールの教授として，筆者は新しいマネジメント技法の流行り廃りを見てきた。その結果，最新の理論や技法に基づいた，もっともらしくパッケージングされた処方箋を疑うようになったのである。

　事業の運営は，本を執筆することやコンサルティングの高度なアドバイスを提供することと異なり，簡単ではない。あなたは事業から離れて，超然とした態度でいることはできないのである。気合いを入れて，細い事項にも関与しなければならない。

　あなたが直面するさまざまな問題に対する簡単な解決策はない。そして，解決策は事業ごとに異なる。25年間，役員を対象とした授業のなかで，成功や失敗についての議論をファシリテートしたり，事例研究を共有してきた経験から，筆者はあなたの事業を含め，あらゆる事業の価値を向上させる1つのアプロー

チを学んだ。それは，適切な問いを尋ねることである。

▶1 ビジネスリーダーのための厳しい問い

　戦略を理想的な状態で確実に実行するために，あなた自身と組織構成員に適切な問いを尋ねるように指導する本書のアプローチは，以下の3つの命題に基づいている。

　第1に，戦略実行を成功させるためには，シンプルな論理と明確な原則に基づいた，困難であり多くの場合，気が進まない選択が求められる。しかし，コンサルタントおよびビジネス関連の出版物が提示する複雑な技法やフレームワークが万能な解決策を見つけようとするなかで，われわれはしばしばこの基本的なことを見失ってしまう。シンプルな問いは，混乱を取り除いて明確な思考を可能とし，それによって重要な意思決定に根拠を与える主要課題に注意を向けることを可能とする。

　またわれわれは，すべてを手に入れることができるといった誤った信念のもと，多くの場合，選択を回避するという安易な習慣に陥ってしまう。われわれは最優先顧客に注意を向ける代わりに，多様な顧客に対応してしまっている。中核となる価値観を植え付ける代わりに，望ましい行動のリストを作成してしまっている。2，3の必須となる尺度に注意を向ける代わりに，尺度を盛り込みすぎたスコアカードを作成してしまっている。われわれは選択を回避するために一生懸命努力しているのである。

　本書で提示する問いは，当然だと思っていることに異議を唱え，気が進まない意思決定を強いるために，これまでの常識に基づかない主張を行うものである。しかしこれらの問いは，戦略実行を確実に成功させるための焦点と方向性を提示する。

　第2に，事業や産業はそれぞれで異なるため，あなたが直面する多様な課題に対する万能な解決策を提示することは意味があるとは思えない。あなたの事業について一番よく知っているのはあなた自身なのである。

　最後に，戦略実行を成功させるために，あなたは自身の組織の構成員と活発に議論すべきである。戦略実行において万能な解決策はない。測定基準やスコアカードは事業戦略の落とし穴がどこにあるかを教えてくれない。成功に至る唯一の道はある。つまり，最新のデータ，暗黙の想定，困難な選択，そして究極的には行動計画についても，あなたは組織構成員と顔を突き合わせた継続的な討論（ディベート）に参画しなければならないのである。

　あなたは，本書にある７つの問いを絶えず手引きとすべきである。戦略的思考を促すために，７つの問いを携帯用チェックリストとして所持しよう。戦略を撤回する際や役員会の際，あなたが議論を主導するために，これらの問いを活用しよう。実際，筆者はこれまでに，戦略実行で大きな成功を収めるためにこれらの問いが活用されている場面を見てきた。日々の会議の際，部下を導きそして試すために，あるいは，上司の行動を喚起するために，これらの問いを活用することができる。７つの問いは事業の基盤と展望についての率直な対話を求めるものであるため，あなたは自社が行う意思決定に対する組織構成員の参画を促進させるものとして，これらの問いを活用すべきである。

　あなたと組織構成員は，これらの問いに矛盾なく明確に答えることができないといけない。それができて初めて，あなたは自社の戦略実行が成功への道を進んでいると確信できるのである。

▶2　７つの問い

　本書は，意図的に簡潔に記している。もし可能なら，７つの問いをラミネート加工して渡したいくらいである。

　本書の７つの問いについて２点を強調しておきたい。第１に，これらの問いは戦略策定の方法ではなく，戦略実行の方法に注意を向けている。顧客に対する価値を創造し，製品やサービスを差別化するためにあなたが選択してきたものは出発点であり，それはすでに与えられたものである。しかし，もし戦略がうまく策定されていなかったら，これらの問いは戦略の欠点を明らかにして，

あなたの思考を鋭いものにする。

　第2に，7つの問いは，問いの提示方法や展開方法を手あたり次第にリスト化したものではない。筆者は，7つの問い（「7つのC」と覚えれば簡単に思い出すことができる）を以下の順で提示する。顧客（customer）と中核となる価値観（core values）に関連する最初の2つの問いは，戦略実行のために強固な「基盤」を構築したかを検証するものである。必須の業績変数（critical performance variables）と制約（constraints）に関連する次の2つの問いは，組織構成員全員の「注意」を戦略上の議題に向けさせるためのあなたの能力に関するものである。創造をもたらす緊張感（creative tension）とコミットメント（commitment）に関連する5つめと6つめの問いは，戦略の成功に必要となる従業員の行動を十分に「促進」してきたかを尋ねるものである。不測の事態（contingencies）に関連する最後の問いは，企業の将来と，変化に適応する自社の能力に注意を向けたものである。

戦略実行のための7つの問い

① 誰が最優先顧客なのか？

② どのように中核となる価値観から株主，従業員，顧客に優先順位を付けるのか？

③ どの必須の業績変数を追跡しているのか？

④ どのような戦略上の境界を設定したのか？

⑤ どのように創造をもたらす緊張感を生み出すのか？

⑥ どれだけ従業員を助け合いにコミットさせるのか？

⑦ どのような戦略上の不確実性が眠れなくさせるのか？

　これらの問いの開発は，25年前に業績管理システムの研究を集中的に行ったことがその始まりである。10年以上にわたって，筆者は多数の経営者にインタビューし，彼らの成功と失敗に関する事例研究を行い，イノベーションとコントロールのバランスをとるために経営者たちが活用する技法を示した論文を発

表した。この研究をまとめたものが*Levers of Control*（『ハーバード流「21世紀経営」4つのコントロールレバー』産能大学出版部刊）である。

　続いて筆者は，戦略実行の中で2番目に重要なテーマである組織デザインに注意を向けた。傑出した経営者たちが自身の組織で経営資源を効率的に配分するためにどのように組織構造とアカウンタビリティのシステムを創造するのかを5年以上研究した後に，この研究結果をまとめて2冊目の本である*Levers of Organization Design*（『戦略実現の組織デザイン』中央経済社刊）として出版した。

　これらの2冊の本（1冊目はシステムに，2冊目は構造に焦点を当てている）では，（筆者の考えでは）あらゆる事業において戦略実行を成功させるために鍵となる7つの変数を強調している。

　これらの変数を適切な問いに変えることは，最後の，そして最も重要なステップであった。数年にわたって筆者は，第一三共，ヘンケル，ハネウェル，ロッキード・マーティン，マリオット，A.P. モラー・マースク，スタンダードチャータード銀行といった企業の経営陣と協力して，これらの問いを検証し，洗練させてきた。最近，これらの7つの問いはハーバード大学のアドバンスト・マネジメント・プログラムでの戦略実行に関する授業の中心的な内容にもなった。本書は，そのプログラムで使用したアプローチと題材を，あなたに提供するものである。

▶3　戦略実行のための必須課題

　なぜこれらの7つの問いが，企業の成功に不可欠なのか。これらの問いのそれぞれは，戦略を成功させるためにあなたが学ばなければならないトピックやプロセスである「戦略実行のための必須課題」の要点となっている。筆者は「必須課題（*imperative*）」という言葉を軽々しく使用しているのではない。役員のなかにはこれらの必須課題を修得した者もおり，彼らは戦略を成功させるためにその必須課題を活用している。その一方で必須課題を修得できない役員

は，自身の事業を重大なリスクにさらしている。

50人のビジネスリーダーについて記述した『トップからの教訓（*Lessons from the Top*)』を読むと，これらの必須課題の重要性がよく理解できる[1]。10年前に出版された本だが，その物語は人を引き付けるものであり，そこで示される教訓は学ぶ価値があるようである。

しかしながら，『トップからの教訓』のなかでマイケル・デル，ビル・ゲイツ，ルー・ガースナーといった名前を見ると，筆者は不安を覚える。それ以外のビジネスリーダーとしては，ダイムラークライスラーのボブ・イートン，AIGのハンク・グリーンバーグ，連邦住宅抵当公庫のフランク・レインズのような人々も見られる。

ボブ・イートン以下のビジネスリーダーたちは，成功ではなく，失敗に関連がある。後に明らかになったように，彼らはそれぞれ，失敗する戦略に従っていた。いかにして同様の過ちを避けるかを理解することが，彼らから得られる唯一の教訓である。

7つの問いと，それぞれの問いが示す必須課題は，以前は戦略実行に成功していた上記のビジネスリーダーたちがはまってしまった落とし穴を回避するのに役立つ。以下では，本書の各章が取り上げる内容，問い，その問いをもたらす必須課題を確認する。

（1）誰が最優先顧客なのか？

あらゆる戦略を成功させるときの中心となる1つめの必須課題は，「**顧客に経営資源を割り当てる（allocating resources to customers）**」である。事業ユニット，支援部署，組織外部のパートナーは経営資源の要求において競争しており，そこではあなたが選択した資源割当の方法が最適であるか否かを判断する方法が必要である。

したがって，あらゆる事業においても最も重要な戦略上の意思決定は，製品やサービスを誰に提供しようとするのかを決めることである。最優先顧客を明確に特定することによって，すべての活用可能な経営資源を最優先顧客のニー

ズを満たすことへ向け，それ以外の部分への資源利用を最低限に抑えることが可能となる。これが，競争のなかで戦略の成功を導く。

　多様な顧客に対応することで，最優先顧客を明確に特定するという困難な選択から逃げることは容易である。しかし，このような対応は業績の低迷を引き起こす。最優先顧客を明確にし，最優先顧客のニーズに最大限の経営資源を投下している競合他社は，常にあなたの企業より優位に立つであろう。

（2） どのように中核となる価値観から株主，従業員，顧客に優先順位を付けるのか？

　最優先顧客が特定できたら次は，株主，従業員，顧客の優先順位を付けることで，中核となる価値観を定義しなければならない。ただ意欲的な行動を列挙した価値声明文〔バリュー・ステートメンツ〕では十分ではない。難しいトレードオフに直面したときに，真の中核となる価値観は誰の利益を最優先にするかを示すものである。

　「**中核となる価値観に優先順位を付ける（prioritizing core values）**」は，事業戦略の２つめの柱となるべきものである。株主を最優先にする企業もあれば，従業員を最優先にする企業もあり，顧客を最優先にする企業もある。その選択に正否はないが，誰を最優先にするかという選択は必要である。この点について，200億ドルの損失が生じるにもかかわらずバイオックスを市場から撤退させることにしたメルクの判断と，セレコキシブを続けて販売することにしたファイザーの判断は対照的である。

（3） どの必須の業績変数を追跡しているのか？

　最優先顧客のニーズを満たすべく適切に経営資源を割り当て，困難な意思決定に対する指針を提供することで，戦略実行の基盤が整ったと確信したら次は，現在取り組んでいる問題に組織構成員全員の注意を向けさせるべきである。

　戦略実行のための３つめの必須課題である「**業績目標を追跡する（tracking performance goals）**」では，適切な目標を設定し，アカウンタビリティを課して，業績を監視〔モニター〕することが求められる。誤った業績指標に注意を向けたり，監

視するスコアカードに不適切な尺度が数多く含まれたりしてしまうと，この必須課題は簡単に失敗してしまい，業績の低迷がもたらされる。

　マネジャーは戦略の成功と失敗の差を明確に示す変数のみを選び出して，適切な物事を確実に追跡すべきである。先に述べた2つの問いで形容詞に注意が向けられていたように，この3つめの問いでは「必須の（critical）」という言葉に注意を向ける。この章では，適切な物事を確実に追跡するために使用することのできる，シンプルだがこれまでの常識に基づかない技法を提示するとともに，ノードストロームやアップルのような企業が自社に優れた業績をもたらした型破りな業績尺度をどのように選択したのかを説明する。

（4）どのような戦略上の境界を設定したのか？

　どのような戦略においても，個人の行動が事業を失敗させるというリスクが存在するが，このリスクから事業を守ることは簡単ではない。これから見ていくように，その秘訣は境界を明確に設定することにある。

　「戦略上のリスクをコントロールする（controlling strategic risk）」が，戦略実行のための4つめの必須課題である。戦略上の境界とは常にネガティブな思考のもと提示されるものであるが，それは組織構成員が有する企業家的な構想案を事業が進むべき方向に確実に一致させるものである。また戦略上の境界は，エンロンを破壊し，連邦住宅抵当公庫やリーマン・ブラザーズのような金融機関の凋落をもたらした，常軌を逸した行動からあなたを守ってくれるのである。

（5）どのように創造をもたらす緊張感を生み出すのか？

　適切に業績目標を追跡し，戦略上のリスクを統制することができたら，「イノベーションに駆り立てる（spurring innovation）」という，戦略実行のための5つめの必須課題に注意を向ける必要がある。健全な組織にはこの必須課題が隅々まで浸透しており，イノベーションに失敗した企業は，潰れてしまうことをわれわれはよく知っている。外部の変化に影響を受けない企業はないのである。

しかし，組織内でイノベーションを持続させることは簡単ではない。組織構成員は安心できる習慣に陥って，知っていることに固執し，自分のやり方を変えようとするものを拒否するからである。

そのような惰性を克服するために，あなたは組織構成員を居心地のよい領域から追い出して，イノベーションを促進しなければならない。筆者は，組織構成員全員がイノベーションに貢献するように，創造をもたらす緊張感を生み出す技法を提供する。

（6）どれだけ従業員を助け合いにコミットさせるのか？

多くの企業では，特に組織構成員にイノベーションを求める際，彼らが助け合うように規範を設定することが極めて重要である。もちろん，例外もある。組織構成員全員が自分のために働くような，利己心を基盤にした企業であれば，お互いを助け合わせる規範は必要ではない。

他の組織構成員を助けようとするコミットメントと利己心との間の選択は，組織に深く根付いているものの，これまで議論されることはなかったと思われる。しかし，あなたがこの選択を明示しなかったり，選択が実現できるように努力しなかったりすると，戦略実行に失敗する可能性が高くなる。

「コミットメントを引き出す（building commitment）」は，戦略実行のための6つめの必須課題である。筆者は，組織目標を達成するためのコミットメントを促進する技法を提供する。利己心に対して報酬を与えることがあなたの事業にとって適切であれば，採用すべき他のアプローチを提示する。

（7）どのような戦略上の不確実性が眠れなくさせるのか？

現行の戦略がどれほど優れていても，その戦略は永遠には機能しないであろう。市場には好況と不況があり，顧客の好みも変化する。また，競合他社は新製品を発売し，破壊的な新技術も予想外のところから現れる。

これが「変化に適応する（adapting to change）」という，戦略実行における最後の必須課題をもたらすのである。変化に適応することは生き残るために

重要であるが，それを実行することは極めて難しい。外部環境が変化するとき，従業員はどこを見て，どのように対応すべきかしばしばわからなくなる。

筆者は，変化する環境のなかで，ジョンソン・エンド・ジョンソン（J&J）のような企業が新しい情報とアイデアを探索するために活用した技法について検討する。あなたを眠れなくさせる戦略上の不確実性にあなたが注意を払うことによって，組織全体の焦点を戦略上の不確実性に定めることができる。すべての組織構成員は，あなたが注視することを注視するからである。筆者は，将来を見据えた新しい戦略を創発させるために，この原則をどのように活用できるかについて議論する。

▶4　組織に参画させる

本書では，組織構成員を有意義な議論に参画させることを可能とする7つの問いについて学ぶ。ただし，これらの問いは単なる素材に過ぎない。部下とどのように関わり合うのか，そのプロセスが極めて重要なのである。

成功した経営者たちにインタビューして気づいた点は，もしあなたがこれらの問いを活用して組織構成員を戦略実行に本当に参画させたいのであれば，以下の常識的なルールに従う必要があるということである。

▶あなたは顔を突き合わせて問いを提示しなければならない。「互いに目を見る」なかでの人間の意思疎通は，参画に不可欠なものであり，これに代替できるものはない。遠隔会議や電子メールでもこのような意思疎通は不可能である。問いかけのプロセスは，組織が直面した問題を解決し，新しい機会を探索するために仕事をこなす力，そして協働する力を組織構成員から引き出す。あなたは，いつ取りかかり，調べ，推し進めるべきなのか，そしていつ励ましや支援をすべきなのかを教えてくれる，ボディーランゲージの微妙なシグナルを捉えることができなくてはならない。

▶ 議論は組織全体に広げなければならない。議論はトップに限定されるのではなく，その代わりに組織全体に溶け込ませるべきある。もしあなたが提示した7つの問いが一貫している場合，部下はあなたの問いを真似して，あなたとの次回の会議を準備するであろう。こうして，あなたが作った雰囲気は事業全体に広がっていく。

▶ 議論に現場マネジャーを本当に参画させなければならない。これは重要な事項である。スタッフグループはデータの入力，ファシリテーション，フォローアップにおいて有用な役割を担うが，結果に責任を負い，実際に戦略を実行するのは現場マネジャーである。そのため，議論にはマネジャーを参画させることが必要である。7つの問いをスタッフグループやルーティンの報告のなかだけにとどめるべきではない。実際に事業を運営している組織構成員の注意を求めなければならない。

▶ 討論は，誰が正しいかではなく，何が正しいかに関するものでなければならない。相手の職名や社内政治の状況を考慮すべきではない。組織構成員全員がリスクを負って，嫌われるような意見も述べ，現状に異論を唱えるように働きかけるべきである。このプロセスの成功は，あなたが彼らの革新的な思考を認めてそのような思考に対して報酬を与えるかどうかに完全にかかっている。新しいアイデアを提案することがリスクとなるのか褒められるのかを推し量るために，すべての組織構成員はあなたを注視していることを思い出してほしい。

▶ すべての議論は「それについてあなたは何をするのか？」に根差したものでなければならない。あなたは本書の問いを目的達成の手段として考えるべきである。7つの問いは，これまでに存在しなかった方法で，焦点をより明確にしたうえで，重要な事業上の問題を理解するために活用することのできる道具である。しかし，あなたが議論に参画する目的は，意思決定を行い，最

終的にはそれを実行するためである。

▶5 注意すべきこと

ピーター・ドラッカーはかつて，「最も深刻な誤りをもたらすのは，答えを間違えることではありません。本当に危険なことは，間違った問いを尋ねることです」と述べた。

筆者がすべきことは，あなたが尋ねるべき適切な問いを教え，なぜ個々の問いが事業の運命を左右するのか理解することを助けることである。あなたがすべきことは，事業を成功に導く答えを見つけるために，組織構成員を討論と対話に参画させることである。

ここで，筆者の意図は刺激的なものだと言っておきたい。ハーバード大学での授業中の議論を特徴づけているソクラテス式問答法の精神で，あなたの考えに異議を唱えようとしているのである。筆者のすべての意見に同意しないかもしれない。実際，いくつかの筆者の意見に対しては猛烈に反対するかもしれない。しかし，本書の7つの問いを活用することによって，もし十分な考えがなければ事業の活力と潜在力を徐々に奪うことになる暗黙の想定を認識することができ，事業の目標を達成するために自身の思考を強化する方法を見つけることができるのである。

>>>注
1) Thomas J. Neff and James M. Citrin, *Lessons from the Top: Search for America's Best Business Leaders* (New York: Doubleday, 1999).

第1章

誰が最優先顧客なのか？

Who Is Your Primary Customer?

　今度，マクドナルドに行くことがあったら，店内をよく見てほしい。マクドナルドは自力で革新を成し遂げた企業である。黄色いアーチのロゴは10年前と同様に見えるが，企業内部はいろいろ変わった。2008年から景気後退が始まったにもかかわらず，マクドナルドは最優先顧客を慎重に再定義し，それに応じて経営資源を割り当てることで，持続的な成功を成し遂げた。

　設立からの50年間でマクドナルドが示した成長は，小売業史上最大規模の成長と言われている[1]。毎日，3万2,000ヵ所のマクドナルドの店舗では5,800万人の顧客に製品およびサービスを提供している。

　マクドナルドの成功にはどのような要因があったのか。マクドナルドの世界規模の事業にはさまざまな成功要因があるが，これらについてあまり議論されたり，明示されたりはしていない。まず，マクドナルドは誰が最優先顧客なのかを明確に定義した。マクドナルドの選択はあなたを驚かすかもしれない。最優先顧客は店内で食べるあなたや私ではなく，またわれわれの子供でもない。マクドナルドの最優先顧客は，不動産開発業者とフランチャイズ店舗の店主であった。マクドナルドは大部分の経営資源を不動産開発業者と店主のニーズに向けて，毎年1,700の新しい店舗をオープンした。マクドナルドはこのような方法で年々の成長を導き，数十年にわたって成功を成し遂げてきた。

しかし，2003年にマクドナルドは危機に直面した。各店舗の売上は減少し，同社の成長も止まったのである。新店舗のオープンという万能な解決策はもう機能していない。世界中の市場は飽和状態であり，人々はマクドナルドの標準化されたフードに飽きていた。この危機のなかで，マクドナルドを立て直すために新しくCEOに就任したジム・カンタルーポは，その状況を分析した後，重大な決定を下した。彼は「これからのマクドナルドの新しいボスは消費者です」と宣言したのである[2]。

　最優先顧客を再定義することは，企業の運命を左右する決定の１つである。なぜなら，最優先顧客を定義することは，経営資源をどのように割り当てるかを決めるからである。この考え方はシンプルである。使用可能なすべての経営資源を，最優先顧客のニーズを満足させるために割り当てるのである。言い換えると，最優先顧客のための価値をもたらさない活動には，経営資源の投下を最低限に抑えるのである。

　不動産開発業者が最優先顧客であった数十年間，マクドナルドは経営資源をどのように割り当てたのか。マクドナルドは大規模な中央集権型組織を構築して，不動産開発，フランチャイズ店舗の開拓，物品調達などを支援した。最優先顧客が消費者であると再定義した後は，資源割当も変わった。消費者の嗜好は，米国内の地域によって異なるが，マクドナルドの店舗がある国によっても大きく異なる。このような多様なニーズを満足させるために，マクドナルドは全面的な改編を行った。

　マクドナルドは画一的な中央集権型組織の代わりに，多くの経営資源を地域マネジャーに委任して，彼らが地域ごとにメニューと店舗をカスタマイズするように奨励した。今日，マクドナルドは地域の嗜好に合わせたフードだけではなく，サラダとアップルパイのように健康食も提供している。マクドナルドは朝食のメニューとして，イギリスではポリッジを，ポルトガルではスープを提供している。フランスではフランス産チーズが入ったハンバーガーを提供している。また，マクドナルドは床に固定された黄色のプラスチックの椅子を，デザイナーが設計したライムグリーン色の家具とレザーカバーに置き換えた。パ

リにある同社のデザインセンターでは，地域と消費者を考慮して店舗を装飾できる9つの異なるデザインオプションを提供している[3]。

　消費者の意見を聞くと，資源割当を修正したマクドナルドの決定は有効であったことがわかる。例えば，マクドナルドが深夜1時まで営業することになったため，クリス・ウォードは再び常連になった。友達であり，現在は2人とも母になったケイシー・フィリアンとキャロル・ミラノは，子供たちを店内の遊戯室に連れて行って，リンゴスライスとささみチキンナゲットを食べさせても罪悪感はないという。マクドナルドのラテはスターバックスのラテよりも安くてお手頃なので，ラス・グリーンも再びマクドナルドに行くようになった[4]。

　金融危機があった2008年に株価が上昇した2社のうちの1社がマクドナルドであったのは偶然ではない（他の1社はウォルマートである）[5]。2010年1月まで，世界中のマクドナルド店舗の売上が81ヵ月連続で増加した[6]。カンタルーポの挑戦に続いて，現在の経営陣はマクドナルドを「私たちの顧客にとって最もお気に入りの場所，食べやすい場所」にすることを目指している[7]。

　マクドナルドの成功への転換は，戦略実行上の1つめの必須課題である「顧客に経営資源を割り当てる」が重要であることを示す一例である。もし，あなたが資源割当に失敗した場合，それをどうすることもできない。

　本章で，筆者は資源割当において重要な決定の基盤となるべきステップについて検討する。最初のステップは，事業戦略において最も基本的かつ重要な問い，誰が最優先顧客なのかをあなた自身と組織構成員に尋ねることである。

　この問いに直面して，「私たちには多様な顧客がいます」と答えるのは容易である。しかし，この答えは，「最優先の」という形容詞が強調する

**誰が
最優先顧客なのか？**

意味を省略しているので，業績が低調な際に言い繕う言葉に過ぎない。同時に多様な顧客に対応しようとすると，それぞれ異なる顧客ニーズを満たすために，経営資源を多くの職能と部門に配分する必要がある。資源割当に対するこの「ピーナッツバター」アプローチ[i]，すなわち資源を均等に割り当てることは，集中すべき重要な部分から焦点をずらしてしまうであろう。

もし競合他社が最優先顧客に注意を向けるためにすべての経営資源を投下すると，競合他社は常にあなたの企業より優位に立つであろう。考えてみよう。もしあなたが潜在的な顧客であれば，あなたに関心を寄せ，あなたのためにすべての資源を使用する企業と，あなたに関心と資源の一部を向けるだけの企業のうち，どちらの企業を選択するのか。

　過去のマクドナルドは，不動産開発業者と店主を最優先顧客として明確に定義し，彼らに大部分の経営資源を集中することで，長年にわたって繁栄した。このアプローチがもう機能しなくなったとき，マクドナルドは最優先顧客を再定義し，それに従って経営資源を割り当てた。マクドナルドは，成長の各段階において誰が最優先顧客なのかを明確にしたことにより，持続的な発展と収益創出の基盤を構築することができたのである。

　単一の事業で多様な形態の顧客を対象にすることが意味するのはたった1つである。それは，あなたはどのような顧客のニーズも満たせないということである。この結果はホーム・デポの事例で明らかになっている。2001年から2007年までにホーム・デポのCEOであったボブ・ナルデリは，一般消費者を対象とする住宅改修事業が飽和状態になっていると結論付けた後，経営資源の投下先を専門請負業者に移動させた。一般消費者はもはやホーム・デポの最優先顧客ではなくなったのである。ホーム・デポは，1,900の店舗でオレンジ色のエプロンを着けた顧客サービスの従業員を解雇し，住宅所有者の問い合わせに対応してきた経験豊富な配管工，電気技師，大工などをパートタイマーと交換した。スタッフの削減により節約した資源を用いて，住宅供給卸売業30社を80億ドルで買収した結果，ホーム・デポの収益はほぼ2倍に伸びた。

　ピーナッツバター原理に基づいた資源割当の効果は，予想通りのものであった。割り当てる資源が十分ではなくて，消費者も専門請負業者も満足させられなかったのである。ナルデリが在任している間，消費者満足のスコアは，米国小売業史上最低点を記録した。その一方で，住宅供給卸売事業はそもそも利益があまり出ない事業であり，効率性の確保が必要であったが，経営資源を十分に割り当てられていなかった。

　新しくCEOに就任したフランク・ブレイクは，再度ホーム・デポに注意を向けさせるために，一般住宅所有者が再び最優先顧客であることを発表した。ホーム・デポは卸売事業を売却し，店舗でオレンジ色のエプロンを着けた従業員を増やし，消費者にアドバイスできる専門家を再雇用した。それにより，顧客満足度のスコア，店舗の売上と利益が増加し始めた。しかしブレイクは，常に一般消費者のニーズに集中してきた競合企業である，ルーヴェに奪われた顧客から信頼を回復するまでに時間が必要であることを認めた[8]。

　誰を最優先顧客に選定すべきなのか。この問いに対するあなたの選択は，企業の歴史と創業者，役員の選好とスキル，競合他社の特性と勢い，技術的資源の利用可能性，新たな機会などにより変わるであろう。図1のように，最優先顧客を選定するための最適な場（スイートスポット）は，パースペクティブ，ケイパビリティ，利益の潜在力といった3つの変数が交差する部分である。

図1　最優先顧客を選定するための最適な場

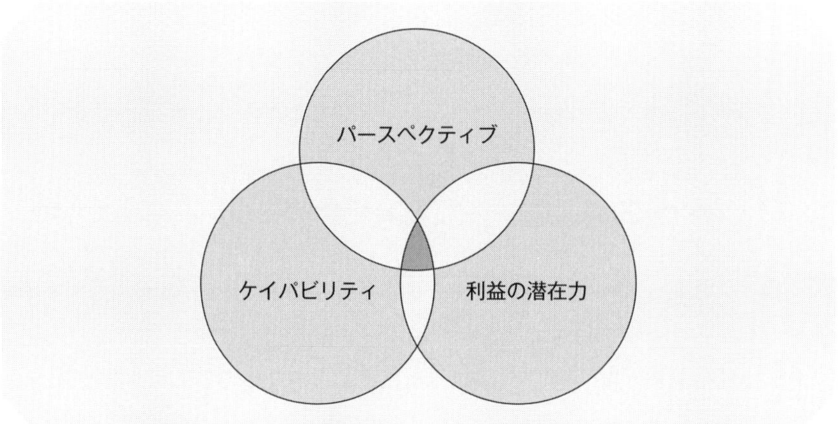

　「パースペクティブ」は，企業の歴史，文化，役員の価値観を表す。これはあなたが事業機会を見つけるレンズの役割を担う。このパースペクティブに基づけば，マクドナルドの役員は高級フランス料理のレストランを開業しようと

しないであろう。またフェラーリは，一般大衆を対象にした車を開発しようとはしないであろう。

「ケイパビリティ」は，あなたが使用可能な有形および無形の資源を指す。これには，物理的な工場，インフラネットワーク，ノウハウなどが含まれる。クラフト・フーズが有しているケイパビリティは，粉末ジュースを中心に子供向け商品への拡張を可能にするが，ソフトドリンク市場でコカ・コーラと競合するのは困難である。

「利益の潜在力」とは，複数の選択肢から得られる経済的利益率をいう。筆者の同僚であるマイケル・ポーターが示したように，購買者，供給者，競合他社，新規参入者，代替製品といった5つの要因の相対的な力が，誰が競争市場で利益を獲得するかを決めるのである[9]。これらの力は，インテルとマイクロソフトがPC市場で多くの利益を引き出すことを可能にし，現在，グーグルがオンライン広告を通して巨額の利益を獲得することも可能にしている。

最優先顧客を定義するのが困難である場合，2つの課題が立ちはだかっている可能性がある。それは，誰が顧客ではないかを明確に定義していないか，または最優先顧客ではない他の顧客を満足させようとしていることである。

▶1 誰が最優先顧客ではないかを明確にする

顧客は，彼らの関心を得るために競争する企業が，可能であれば多くの関心と経営資源をもっぱら自分に集中させることを期待する。そのため，誰が顧客であるか，そして誰が顧客ではないかを明確にすることは極めて重要である。

数年前にハーバード大学で，われわれ教授陣は不注意な発言で問題を引き起こした。新入生歓迎会に参加した学生に「皆さんが私たちの顧客です」と言ってしまったのである。学生が顧客のように振る舞い始めた際，この善意の発言は裏目に出た。学生は未熟な若手教授に対して不満を言ったり，教材を変えるためにロビー活動を行ったり，学内で資源割当を学生の希望の通りにするように要求したりした。

　誰がわれわれの最優先顧客なのか。われわれは研究を基盤にする他大学と同じ選択を行った。われわれの最優先顧客は，われわれが創造した新しいアイデアと知識を活用する多様な学界の研究者たちである。学生も重要であるが，彼らが担う役割は異なる。学生は，相互作用する教育プロセスの参与者である。そのプロセスでは，教室での議論を盛り上げるために，新しい研究やアイデアが提案され，検証され，用いられる。

　あなたは筆者のこの選定に同意しないかもしれない。しかし，この選定がわれわれにとって重要な理由は，それが資源割当の方法を決定する基準となるからである。われわれの最も重要な目標は学界の研究者のために知識を創造することなので，われわれは専門分野別に教授陣を組織し，資源を割り当てる。ファイナンスの教授陣はグループとして同座し，戦略の教授陣は別のユニットとして組織され，リーダーシップの教授陣は別であるというように。もしわれわれが学生を最優先顧客として選定すると，おそらく地方に地域キャンパスをつくるという，今の資源割当とは異なる方法をとるであろう（研究に重点を置いていない一部の大学ではこの方法を採択している）。

　この事例が示すように，商品を使用し最終的に代金を支払う個人や組織が最優先顧客ではない場合もあるため，最優先顧客を定義するのは簡単ではない。これはあなたが思う以上に多く起こることである。例えば，メアリー・ケイ・コスメティックスの最優先顧客は，メアリー・ケイの製品を購入して使用する消費者ではない。その代わりにメアリー・ケイは，教育訓練，製造支援，物流センターなどを通じて，販売代理店としてメアリー・ケイと契約しているビューティー・コンサルタントのニーズに大部分の経営資源を割り当てる。個人企業である各販売代理店はメアリー・ケイの製品を購入し，それを消費者に販売する。メアリー・ケイは資源を最終消費者に割り当てるよりも，販売代理店のビューティー・コンサルタントに集中させることで成功を成し遂げた。

　また，役員のなかには，「顧客」という言葉を内部組織や部署ではなく，外部の関係者に適用すべきであることを経験から気付いた者もいる。メドトロニックのCEOであったビル・ジョージは，この制限を明確なものにしないと，

何が起こるかについて説明した。同社は，一流のコンサルティング企業の品質プログラムを採択した。このプログラムの重要な要素は内部顧客の創造であったが，例えば，流通センターを製造工場の顧客に定義したら，企業の焦点が外部顧客から内部顧客にシフトしたように，意図しない結果が現れた。ジョージは，この誤りによる結果を確認して，「もう内部顧客のようなものはありません」と宣言した[10]。

この原則を無視することの危険性は，AOLとタイム・ワーナーの不運な合併の際にも明確になった。合併会社はエンターテインメント製品の広告を社内で制作していたので，自らが最大の顧客となった。その結果，内部部署のニーズを満足させるために経営資源の相当部分を投下することとなった。AOLの創設者であるスティーブ・ケイズが後に認めたように，企業成長の重要な時期に経営資源を内部顧客へ集中させたため，同社は3,000万人の外部顧客を失ってしまった[11]。

また，トヨタの役員も内部顧客という概念に魅了された。2007年にCEOであった渡辺捷昭（かつあき）は「顧客第一がトヨタの中核となる信条です。それはただ最終消費者を意味するのではありません。生産ラインの作業場にいる従業員も私たちの顧客です」と述べた。真の顧客ニーズを無視したことにより創立以来最大の損失（後に世界規模のひどい品質問題が生じる）をもたらした後，渡辺は2009年6月に辞任し，豊田章男がCEOを引き継いだ。最初に彼が約束したのは，真の顧客に焦点を当てる「顧客第一」の経営哲学を強化することであった[12]。

▶2 最優先顧客以外の関係者を喜ばせようとする

最優先顧客を選定しない2つめの理由は，最優先顧客以外の関係者（内部と外部の両方）も満足させたいからである。異なる利害の間で対立する状況が発生する。多様な顧客があなたの関心と資源を求めているが，あなたはそのなかで最優先顧客を選定しなければならない。

現在，米国小売業市場全体の6パーセント以上を占めるオンライン小売業者

のアマゾンを考えてみよう。アマゾンは最優先顧客に注意を向け，戦略的に最優先顧客以外の関係者を考慮しない企業である。アマゾンには，2つの主要な収益源がある。消費者への直販による売上と，アマゾンのプラットフォームにオンライン商店を開設した小売業者からの手数料である。この小売業者には，小規模の自営業者以外に，ターゲット，ギャップ，エディー・バウアーなどの企業もある。現在，アマゾンは収益の3分の1以上をこれらの小売業者から得ている[13]。小売業者の手数料がアマゾンの収益を増加させていた成長期に，同社の役員は誰を最優先顧客とするかについて再考した。アマゾンはきっぱりと消費者を最優先顧客とすることにした。今もアマゾンはこの決定に基づいて，使用可能なすべての経営資源を配分している。

　CEOのジェフ・ベゾスは，利害が対立する際に，その問題を解決できる方法について次の通りに述べた。「私たちが何をすべきかを決定できない難問に直面した際は，『消費者にとってよいものは何か？』のように，難問を簡単な問題に変えて考えます」[14]。

　後の章で説明する，成功を左右する決定と同様に，この選択はしばしば難しい対話を必要とする。アマゾンは絶えず消費者に注意を向けている。そのため，小売業者はアマゾンが小売業者には十分に注意を払っていないと不満を言う。アマゾンが小売業者により多くの経営資源を投入するように，訴訟を起こした小売業者もいる[15]。しかし，アマゾンは原則を守り抜いて，消費者を最優先にして経営資源を割り当てている。その結果，アマゾンは米国小売業で，顧客忠誠度が最も高い企業になった（業種に関係なく，すべての米国企業を対象にした場合，アマゾンの顧客満足度はハインツに次いで2位である）[16]。

▶3　顧客の好みを明確にする

　誰が最優先顧客かを定義したら，あなたはもちろん最優先顧客の価値は何かを組織構成員全員に理解させる必要がある。低価格を重視する顧客や，カスタマイズされたサービスを重視する顧客がいれば，最先端の技術を重視する顧客

もいる。組織構成員全員は，顧客の好みを把握し，その好みへの対応に専念する必要がある。

　GMの衰退は，顧客のニーズを無視すると何が起こるかを思い出させる。GMは消費者が購入しようとしない車を製造したことで，破産に追い込まれた。GMは顧客の要求を反映する代わりに，製造工場を運営するために車を製造した。その結果，小型エンジンを搭載したトラックが大量に製造されて売れ残り，冬用牽引装置付きのSUVは暖かいフロリダ州に出荷された。また，中価格帯のファミリー向けのセダンには高価なオプションが付けられた。2007年2月に，GMは100万台以上の売れ残った在庫を保有していた。

　顧客の価値観を明らかにするのは誰なのか。P&Gは最優先顧客を理解するために多額の投資をすることで有名である。2000年にCEOに就任したA.G. ラフリーは，P&Gが顧客に対する焦点を失って，市場占有率が減少したことに気付いた。最初にラフリーが行ったのは，「消費者はボス」という基準を定めたことである。その後，P&Gの役員の70パーセント以上が「リビングイット」というプログラムに参加した。消費者のニーズを把握し，消費者が自分の生活に影響を与える製品をどのように使用するかを理解するために，数日間，役員は消費者の家で一緒に過ごし，その家族と食事し，買い物にも同行した[17]。

　また，ウォルト・ディズニー，コンチネンタル航空，シスコ，アマゾンなどの他企業も，役員が定期的に顧客と時間を過ごすことを求めている。これらの目的は，役員とマネジャーが顧客と対話をして，顧客が重要視するものが何かを学ばせるためである[18]。

　事業の範囲が世界中に拡張され，最優先顧客の価値観を把握することはより重要になった。4億5,000万人の中国人女性の美容に対するニーズを理解することは，どのような基準にしても大きな事業である。そのため，エスティローダーは上海に研究センターをオープンし，ロレアルは毎年3万5,000人の中国人女性を対象にインタビュー調査を実施している。例えば，水の供給が不足しているため，簡単にシャンプーをすすげる製品が必要であることを，顧客調査を通じて学習したこともあった[19]。

　最優先顧客を選定し，その顧客が重要視するものが何かを把握することは，消費財企業だけではなく，製造企業，貿易会社，技術企業などにとっても重要である。IBMとフェデックスの2社の事例を検討してみよう。CEOのルー・ガースナーによる転換戦略の核心は，IBMの役員に最優先顧客を訪ねさせることであった。

　ルー・ガースナーは，役員が顧客を訪問した後，役員に顧客ニーズを分析させて，そのニーズを満たすIBMの製品とサービスの構成を提案することを要求した。役員の提案は，IBMの最優先顧客が最も重要視する製品とサービスが何なのかを把握して，今後，資源割当の方法を定める基準となる[20]。

　一方，フェデックスは異なる方法を採用した。フェデックスの上位50人の役員は法人顧客を招待して「顧客サミット」を開催する。役員は顧客と直接に対面して，フェデックスがよく実施できていること，改善できる部分，競合他社がよく実施できていることについてフィードバックを提供する。フェデックスのある役員は次のように述べる。「私たちは顧客のニーズを把握するために，顧客と多くの時間を過ごします。その後，再び経営資源を割り当てて，弱い部分の改善に専念します」[21]。

▶4　顧客ニーズを認知させる

　経営資源を適切に割り当てる方法を検討する際は，次の問いをあなた自身と同僚に尋ねてみてほしい。最優先顧客が重要視するものを，組織構成員全員が把握しているのか。役員やマーケティング部署の構成員だけがこの問いを共有しているだけでは不十分である。あなたは，最優先顧客のニーズを把握してそれに対応することが重要であることを，組織のトップからボトムまでの組織構成員全員に常に思い出させる必要がある。

P&Gの本社では消費者ニーズに注意を向けて，すべての活動が行われる。本社のロビーにはP&Gの製品を使用している消費者の写真が展示されている。会議では，P&Gの最優先顧客と，その顧客を動かす要因を説明する簡単な方法として，マネジャーに「あなたのWHOは誰なのか？」を尋ねる[22]。時々，マネジャーは段ボールで架空の顧客を作って，それをテーブルの上席に置いたうえで，製品の特性について議論したりする[23]。リミテッド・ブランドのランジェリー部門であるヴィクトリアズ・シークレットも似た方法を用いる。役員は互いに「ヴィクトリアは何が好きなのか？」という問いをよく尋ねる。ここでのヴィクトリアとは，ブランド名を象徴する架空の人物である。

また最近，フォードも似た方法を採択している。フォードはフォード・フィエスタを設計する際に，アントネラというローマに住んでいる架空の28歳の女性を設定して，彼女に注意を向けた。アントネラの（架空の）生活と好みが，フィエスタのデザイン選択の基準を提供する[24]。

▶5 顧客のための組織を構築する

ここが本章の核心である。最優先顧客を選定して，その顧客のニーズを把握したら，あなたは経営資源の大部分を最優先顧客のために使用すべきである。あなたが最優先顧客の満足を最大化する方法で経営資源を割り当てないと，競合他社がそれを行うかもしれない。

折に触れて，アマゾンのジェフ・ベゾスは従業員に次のことを思い出させる。「私は事業に携わる全員に『毎朝，あなたは恐怖でシーツをびっしょりさせて起きるべきです。しかも，それは競争相手を怖がってではなく，顧客を怖がってでないといけません。なぜなら，お金を持っているのは顧客だからです』と伝えます」[25]。アマゾンは顧客に対するパラノイアともいえるくらい，先進的なウェブサイト技術や流通センターなど，消費者にとって重要だと考えてい

る分野に莫大な資金を投資する（人々はこれを過剰投資だと批判する）[26]。

　これは，「どのような組織を顧客に最大の価値を提供するために構築したのか？」という非常に重要な問いを促す。もちろん，あなたの答えは最優先顧客のニーズによって変わるであろう。異なる顧客は異なる組織デザインを要求するのである。

　これを説明するために，同業他社である2社，Visaとマスターカードを見てみよう。2社は同じ業界で競

> どのような組織を顧客に
> 最大の価値を提供するために
> 構築したのか？

争しているが，それぞれ異なる最優先顧客を選定した。その結果，2社はそれぞれ異なる組織を構築した。マスターカードはJPモルガン・チェースとシティグループのようなグローバル銀行を最優先顧客と定義した。これらの顧客はローコストを重視する。マスターカードは全般的な効率性を極大化し，取引費用を削減するために，中央集権型組織を構築した。これに対して，Visaは小規模であるが地元で強い地方銀行を最優先顧客として選定した。Visaは顧客のさまざまなニーズに対応するために，カスタマイズしたプログラムとカードを提供した。その結果，Visaは中央集権型組織ではなく，経営資源を地域別に割り当てる地域分散型組織を構築した。当然のことながら，この2社は上場も異なる方法で行っている。マスターカードは1つのグローバル持株会社を設立したが，Visaは欧州本社を分離して独立法人とした[27]。

　最優先顧客のニーズを満足させるために組織を構築する方法はさまざまである。ウォルマートの顧客は低価格を重視するため，規模の経済を実現する方式で組織を構築した。世界中にいるネスレの顧客は，スイーツやスパイスの好みがさまざまであるため，国別に組織を構築して，現地の嗜好に合う製品を作った。IBMは統合的なサービスに注力するために，組織デザインの中心に専任のチームを組織した。

　多様な形態の顧客を対象にする大規模の多角化企業はどうであろうか。例えば，GEのような企業は，各顧客グループのニーズに専念できる独立組織を構築した。そうすると，製造部門は，それぞれ異なる最優先顧客のニーズを満た

せる最適な方法で経営資源を割り当てることができる。

　1999年にペプシが２つに分割したときにも，この原則に従った。ペプシは消費者と小売業者の異なる要求に直面した際に，最終製品を生産するボトラー事業を別の企業に分離した。その後，原液を製造するペプシコは，最優先顧客である消費者のために製品開発とマーケティングに専念することができるようになった。新しく独立したボトリンググループは，価格，一貫性，即応性など，全く異なる価値を重視する小売業者に注意を向けた。

　2009年にペプシは今までの戦略とは反対に，再び主要ボトラーを統合し始めた[28]。ペプシのCEOであるインドラ・ヌーイは，企業を再統合することによって，炭酸飲料の代わりにジュースや水を選好する消費者の変化に，よりタイムリーに対応できると主張した[29]。しかし，あらゆる選択と同様に，ペプシのこの決定も何らかの結果をもたらすであろう。小売業者はもう新たに統合した企業の最優先顧客ではないため，小売業者への投下資源を削減することがペプシにとって安全な選択となるのである。

　これらの例のいずれも，あなたが決して最優先顧客を変えてはならないことを示唆していない。ときには，このような大胆な変化が必要である。あなたはこの決定の重要性を理解する必要がある。最優先顧客を変えることは，資源割当と組織デザインにも根本的な変化をもたらすことを意味するのである。

　本章で最初に説明したマクドナルドの例を思い出してほしい。最優先顧客を不動産開発業者から消費者に変更したカンタルーポの判断は，同社が危機から逃れられる基盤となった。本社よりも地域マネジャーに多くの経営資源を割り当てることで，役員は企業の成長を可能とする消費者中心のイノベーションを支援することができた。

　もちろん，危機に直面するまでに道筋を変えてもよい。シスコは，持続的な成長の中で，最優先顧客を変えて成功を成し遂げた企業の一例である。ドットコム時代に，シスコはドットコム企業を継続的に買収した結果，独立した会社を多く所有することになり，多様な形態の顧客に対応するようになった。その結果，最優先顧客への焦点が不明確になって，経営資源もあちこちに分散され

てしまった。

　そのため，シスコは技術製品を販売するチャネルパートナーを最優先顧客と再定義して，自ら改革を行った。この戦略的な変化には，根本的な組織再編が必要であった。シスコはもはや独立した会社の集合体ではなく，効率的に整合した世界最大の組織となった。企業活動の核を集権化することにより，運用効率が向上し，費用削減が可能となり，最優先顧客が重要視する価値（ローコストの最先端先技術）を提供することができるようになった。この新しい戦略は大成功した。現在，チャネルパートナーはシスコの売上の92パーセントを占めている[30]。

▶**6**　スタッフに投入する資源をコントロールする

　これまで，筆者は最優先顧客のニーズを満たすことに注意を向けてきた。しかし，最優先顧客以外の関係者にはどのように対応する必要があるのか。最優先顧客以外の関係者のニーズをどのように満足させる必要があるのか。

　それに対する答えはシンプルである。投資家向け広報，人事管理，規制関連業務のように，最優先顧客以外の関係者に関連する業務はスタッフグループに委任した方がよい。このスタッフ部門は関係者のニーズを満足させるために専門知識を活用することができる。このような資源割当を通じて，組織の他部門を最優先顧客のための価値創造に集中させることができる。

　この際に難しいことは，スタッフ部門への支援の程度を決めることである。まず専門スタッフが多様な関係者のニーズを満足させるように，あなたは経営資源を十分に割り当てることができる。一方で，スタッフグループが最優先顧客に対して有効に活用できるよりも多くの経営資源を受け取るリスクもある。あなたはスタッフグループに資源を過剰に投入する必要はないのである。

　もし，あなたの目標が最優先顧客のために使用する経営資源を最大にすることであれば，結論は明らかである。最優先顧客以外に使用する経営資源を最低限に抑える必要がある。最優先顧客以外の関係者のニーズをある程度満足させ

る必要はあるが，それ以上は必要ない。あなたは最優先顧客以外の関係者に使用する経営資源を最低限に抑えているであろうか。

最優先顧客以外の関係者に割り当てる
経営資源を最低限に抑えているのか？

あなたは資源割当のバランスを適切に維持しているかを継続的に点検しなければならない。また，経営資源の効率的な管理により，浪費されている経営資源を削減し，その資源を最優先顧客に投入しているかを点検する必要がある。

　収益に対する間接費の比率を確認してみよう。業界のベストプラクティスと比較して，あなたの企業における間接費の比率はどの程度であろうか。その比率は高すぎるであろうか。そうであれば，スタッフに過剰に投入した資源を，最優先顧客に価値をもたらす活動に再配分すべきである。

　ジェイミー・ダイモンはJPモルガン・チェースのCEOに就任した際に，この原則に従った。最初にジェイミー・ダイモンが行った決定の1つは，アウトソーシングしていたITシステムを社内に持ち込んで，同社のコンピュータ・システムを企業全体のシステムに統合したことである。また，2,000人分以上の支援業務をなくして，費用を大きく削減した。その後，この統合から創出された資本を，新しく3,000人の営業社員を雇用することに充てるなど，顧客に注意を向けた成長戦略に集中した[31]。消費材を生産しているドイツ企業ヘンケルのCEO，カスパー・ロ−ステッドは，これと似た方法を採択して，スタッフグループへの資金支援に対して「適正水準」という基準を定めた。ロ−ステッドの目的は，ヘンケルが経営資源の大部分を最優先顧客のニーズを満たすために使用することであった。

▶7　顧客に経営資源を割り当てる

　本章では，資源割当に関する難しい意思決定について記述してきた。最優先顧客を選定することは簡単ではないが，それは資源割当と戦略達成を成功させる基盤となる。

　誰が最優先顧客なのかを明確にしないことはたった1つのことを意味する。それは，あなたが最優先顧客に使用すべき経営資源を流用し，浪費しているということである。最優先顧客を明確に定義した後，その顧客が重要視することを理解し，そのニーズに合わせて組織を構築しなければならない。そうすることで，あなたは企業の競争力を強化し，戦略を成功させることができるのである。

>>>注

1）D. Grainger, "Can McDonald's Cook Again?" *Fortune*, April 12, 2003, 124.

2）Jim Cantalupo, quoted in Grainger, "Can McDonald's Cook Again?" 120.

3）Julia Werdigier, "McDonald's, but with Flair," *New York Times*, August 25, 2007.

4）Andrew Martin, "The Happies Meal: Hot Profits," *New York Times*, January 11, 2009.

5）Janet Adamy, "McDonald's Seeks Way to Keep Sizzling," *Wall Street Journal*, March 10, 2009.

6）Hollie Shaw, "McDonald's New Recipe for Success," *Financial Post*, September 2, 2009; personal correspondence from McDonald's media relations department.

7）Martin, "The Happiest Meal."

8）Jennifer Reingold, "Home Depot's Total Rehab," *Fortune*, September 29, 2008, 159-166; Geoff Colvin, "Renovating Home Depot," *Fortune*, August 31, 2009, 45-49.

9）Michael E. Porter, *Competitive Strategy* (New York: The Free Press, 1980). (土岐坤・服部照夫・中辻万治訳『競争の戦略』ダイヤモンド社，1995)

10）Bill George, *Authentic Leadership* (San Francisco: Jossey-Bass, 2004), 86. (梅津祐良訳『ミッション・リーダーシップ—企業の持続的成長を図る』生産性出版，2004)

11）Marc Gunther and Stephanie Mehta, "The Mess at AOL Time Warner," *Fortune*, May 13, 2002, 74-77.

12）Katsuaki Watanabe, "Lessons from Toyota's Long Drive," *Harvard Business Review*, July-August 2007, 74-83; Alex Taylor, "Toyota's New Man at the Wheel," *Fortune*, June 26, 2009, 82-85.

13）Josh Quittner, "How Jeff Bezos Rules the Retail Space," *Fortune*, May 5, 2008, 126-134.

14）Jeff Bezos, "The Institutional Yes," *Harvard Business Review*, October 2007, 74-82.

15）David Yoffie, "What's Your Google Strategy?" *Harvard Business Review*, April 2009, 74-81.

16）Quittner, "How Jeff Bezos Rules the Retail Space," 126-134.

17）A. G. Lafley and Ram Charan, *The Game-Changer* (New York: Crown Business, 2008).

48-49. （斎藤聖美訳『ゲームの変革者—イノベーションで収益を伸ばす』日本経済新聞出版社，2009）

18) Joan S. Lublin, "Top Brass Try Life in the Trenches," *Wall Street Journal*, June 25, 2007.

19) Doreen Carvajal, "Primping for the Cameras in the Name of Research," *New York Times*, February 7, 2006.

20) L. Applegate, R. Austin, and E. Collins, "IBM's Decade of Transformation: Turnaround to Growth," Case 9-805-130 (Boston: Harvard Business School, 2009)

21) Catherine Dalton, "On Time: An Interview with FedEx's Alan B. Graf," *Business Horizons*, April 2005, 277.

22) A. G. Lafley, "What Only the CEO Can Do," *Harvard Business Review*, May 2009, 54-62; Lafley and Charan, *The Game-Changer*, 35.

23) Lafley and Charan, *The Game-Changer*.

24) Phil Patton, "Before Creating the Car, Ford Designs and Drivers," *New York Times*, July 19, 2009.

25) Jeff Bezos, "The Institutional Yes."

26) Joe Nocera, "Put Buyers First? What a Concept," *New York Times*, January 5, 2008.

27) Peter T. Larsen and Jane Croft, "Visa Bows to Pressure and Unveils IPO Move," *Financial Times*, October 12, 2006.

28) Coca-Cola Co. is following a similar path. See "Coke Near Deal for Bottler," *Wall Street Journal*, February 25, 2010.

29) Michael de la Merced, "PepsiCo to Pay $7.8 Billion to Buy Its Two Top Bottler," *New York Times*, August 5, 2009.

30) Rik Kirkland, "Cisco's Display of Strength," *Fortune*, November 12, 2007, 90-100.

31) Shawn Tully, "In This Corner! The Contender," *Fortune*, April 3, 2006, 54-66.

＞訳者注

ⅰ）ピーナッツバターサンドイッチを作る際に，ピーナッツバターをパンに均等に塗ると，サンドイッチのどの部分でもおいしく食べることができる。この考え方がビジネスに適用され，経営資源をすべての領域に均等に割り当てることを「ピーナッツバター」アプローチという。

第 2 章

どのように中核となる価値観から株主，従業員，顧客に優先順位を付けるのか？

How Do Your Core Values Prioritize Shareholders, Employees, and Customers?

　ある金曜日の午後遅く，製薬会社メルクのCEOであるレイ・ギルマーティンは，メルクの研究所長のピーター・キム博士から電話を受け取った。

　キムは，メルクの代表的な関節炎鎮痛剤であるバイオックスの臨床実験を36ヵ月間にわたって監視してきた医薬品安全性監視委員会が，研究を中止するよう要請してきたとギルマーティンに知らせるために電話してきたのである。臨床実験の最初の18ヵ月間には，バイオックスを服用した患者と胃腸薬を服用した患者の間で，心臓発作や心臓麻痺の発生にあまり差はなかった。しかし，バイオックスを服用した患者は18ヵ月から30ヵ月の間に，心血管系に副作用が多く発生するという予想外の結果が出た。

　バイオックスの長期的な安全性を調べる研究で，この副作用が明らかになったのである。以前の研究においても，心血管系の副作用が発生する可能性があ

ることが示されてきたが，その都度，メルクの研究者はバイオックスが安全であることが確認できる分析資料を提示してきたのである。

ギルマーティンはその知らせを聞いて驚きを禁じ得なかった。メルクの従業員と同様に，ギルマーティンはバイオックスの安全性と効果を信じていた。ギルマーティンの妻だけではなく，メルク研究所の前所長で，バイオックスの開発責任者であったエド・スコルニックも，その薬品を服用していた。

キムは週末にデータを分析した後，月曜日の朝になるとすぐにギルマーティンを訪ねて3つのオプションを提示した。まず1つめは，より正確な結果を把握するために，計画通りに研究を行うことである。追加で6ヵ月間の分析を行い，その結果を確認した後，どうするかを決めるというオプションである。2つめは，新たに見つけたバイオックスの危険性を医者と患者に知らせるために，ブラックボックス警告ラベルの使用をアメリカ食品医薬品局に要請することである。ラベルの変更によって，患者は危険性を認知するようにするが，この薬品を継続的に服用することは可能である。最後のオプションは，バイオックスを市場から撤退させることである。

バイオックスを市場から撤退させることは，ギルマーティンにとって難しい決定であった。メルクのバイオックスとファイザーのセレコキシブが，慢性関節炎に苦しむ数百万人の患者にとって唯一の鎮痛剤であった。それに加えて，メルクはバイオックスで年間25億ドル以上の収益を上げていた。バイオックスを市場から撤退させたら，この薬で得られる総額200億ドル以上の利益が失われると予想された。

キム博士の電話があってから6日後，2004年9月30日に，ギルマーティンは記者会見を開き，全世界でバイオックスを市場から撤退させると発表した[1]。

違う企業が同じ状況にあったとしたら，異なる決定をしたかもしれない。戦略実行における2つめの必須課題，「中核となる価値観に優先順位を付ける」という原則は，メルクの役員の意思決定において明確な指針を提供した。

多くの企業は，中核となる価値観に関する宣言文を有している。これらの共有された信条と規範は，プラカード，ウェブサイト，携帯用行動指針カードな

どに明示されている。通常，この宣言文には，誠実，チームワーク，多様性，継続的な改善，アカウンタビリティなどの用語が含まれる。

　しかし，善意からなる宣言文は低業績の原因となる。なぜなら，実は宣言文が「中核」を無視して，すべての事業の成功の基盤となるべき基本価値を曖昧にするからである。困難な選択に直面した際に，中核となる価値観は組織構成員が誰の利益を最優先にするのかを伝えなければならない。

　中核となる価値観を定義することは，断じて「気持ちがよい」ことではない。しかし，事業において，それは不可欠な決定である。本章では，あなたが中核となる価値観を適切に定義したか否かを確認していく。もし，中核となる価値観を適切に定義したのであれば，どのように中核となる価値観から株主，従業員，顧客に優先順位を付けるのかという次の問いに簡単に答えられるはずである。

　バイオックスに対するメルクの決定のように，困難な意思

> ### どのように中核となる価値観から株主，従業員，顧客に優先順位を付けるのか？

決定に直面した際に，どちらの方向に行くべきかをあなたの企業の従業員も把握しているであろうか。株主の利益が顧客のニーズよりも重要なのか。あなたはマネジャーが従業員の雇用を保障することを最優先にすることを望んでいるのか。それとも，株主の利益が少なくなっても，あなたの企業は顧客を最優先にしているのか。分権型組織になればなるほど，その選択をどのようにするかをより多くの従業員が知る必要がある。分権型組織では従業員が事業を通して，誰のためにどのように価値を創造するかの選択を自ら行えるからである。

　中核となる価値観に基づいて優先順位を付けることは，最優先顧客を選定することとは別の問題である。前章で議論したように，顧客ニーズを理解することは，組織を構築し，経営資源を割り当てる方法に影響を及ぼす。一方で，中核となる価値観は，選択の結果がある関係者には利益になるが，最優先顧客以外の関係者には損害を与えるという状況において，どのような決定を下すかについての指針を提供するものである。

政府が支援するミッションを有する連邦住宅抵当公庫の大失敗も、中核とな
る価値観に対する混乱が原因であった。連邦住宅抵当公庫は株主と顧客のなか
で、誰の利益を優先したのか。連邦住宅抵当公庫の役員は政治家の要請を受け、
他の方法では住宅ローンを借りることができない人々に住宅ローンを提供する
ことで、住宅所有の民主化事業に経営資源を集中させた（もちろん、連邦住宅
抵当公庫の最優先顧客が、政治家なのか住宅所有者なのかについては議論の余
地がある）。

　ある関係者はその当時を次のように述べる。「そのような目標に重点を置い
ていた連邦住宅抵当公庫は、1990年代の初頭に一連の大胆な計画を立てました。
5年以内に住宅ローンの審査費用を40パーセント削減するための新しいシステ
ムの開発計画、貸付のプロセスで差別をなくすための計画（ここには50億ドル
を支援）、移民や低所得層など、住宅の所有から遮断されていた1,000万世帯に
対して2000年までに1兆ドルを支援する計画などを発表したのです」[2]。もち
ろんわれわれは、連邦住宅抵当公庫がこれらの計画を実現するために、審査基
準と提出書類の基準を危険な水準にまで下げたことを知っている。

　連邦住宅抵当公庫の役員は、経営資源を住宅所有者に割り当てると同時に、
株主価値と役員の報酬を最大化しようとしていた。彼らは利益を高めるために、
危険性の高いローン・ポートフォリオを構成して流通市場に転売した。こうし
て、CEOのフランク・レインズは9,000万ドル以上の個人報酬とボーナスを得
た[3]。サブプライム問題で住宅市場が崩壊した際に、優先順位を混同した連邦
住宅抵当公庫の選択によって、米国納税者は1,000億ドルの緊急救済費用を負
担することになったのである。

▶1 3つの選択

　困難な選択に直面した際に、顧客を最優先にする企業がある一方で、従業員
を最優先にする企業もあり、株主を選択する企業もある。各々の選択は、価値
創造に対しての異なる理論に基づいている。正しい選択も正しくない選択も存

在しない。しかし，選択してそれを全社的に共有することは不可欠である。

　メルクのギルマーティンは，「バイオックスを市場から撤退させたのは，責任ある行動でした。このような思考はメルクの原則に組み込まれています。これが，私たちがそのような決定を簡単に行うことができた理由です」と述べた。

　ギルマーティンが言及したメルクの原則は，前CEOのジョージ・W・メルクが1950年に述べた声明に明確に示されている。「私たちは，私たちの医薬品がただ利益のためだけではなく，人々のためにあることを決して忘れないようにしましょう。利益は付随的なものです。私たちがこの信念を忘れなかったら，利益は必ず付いてきます。私たちの信念を守れば守るほど，私たちが得られる利益も多くなるでしょう」[4]。

　「患者を最優先にする」というメルクの長年のミッションと，患者という顧客を最優先にすると長期的に報われるという理論によって，メルクの役員はバイオックスを撤退させた。しかし，すべての企業が顧客を最優先にするわけではない。多くのサービス企業のように，サウスウエスト航空は従業員を最優先にした。創業者のハーブ・ケレハーは次のように述べた。「従業員，顧客，株主のなかで，誰を最優先にするのかという問いは，企業経営において難題となります。しかし，私たちはそれを難題だと思ったことはありません。従業員を大切にすると，その従業員は顧客を大切にするでしょう。大切にされた顧客は常連客になるので，株主は幸せになるでしょう」[5]。ケレハーはこの信念を納得させるために，「従業員を第1に。顧客を第2に。株主をその次に」というキャプションが入った新聞広告を出したこともある。

　従業員を最優先にするこの方法では，適切な人材を雇用することが要求される。サウスウエスト航空は低い職位階層の従業員1人を採用する際にも，礼儀正しい人を探すために，30人以上の人を面接する[6]。サウスウエスト航空の従業員第一主義は効果があるようである。過去15年間，同社は財務業績と株主利益の両方で業界トップであった。

　HCL インダストリーズは，17ヵ国に5万5,000人の従業員がいる，インドのITアウトソーシング企業である。HCL インダストリーズはサウスウエスト航

空と同様に,「従業員を第1に, 顧客を第2に」の経営哲学を有している。CEOのビニート・ナイアは, グローバルに顧客が価値のあるソリューションを探している産業では, 自律的でかつ有能な従業員が不可欠であると信じていた。ナイアは,「従業員第一というのは, ……優先順位を明確に付け, 従業員の成長に投資を行い, 従業員の潜在力が利益につながるように促すことを言います。HCL インダストリーズはサービス企業なので, 顧客と対面する従業員が最も重要です」と説明した[7]。

　しかし, HCL インダストリーズはインドの詰め込み教育によって限界に達した。そのため, 役員は従業員の関わりを促す野心的なプログラムを作った。従業員第一主義を実現するために, 役員はマネジャーが直属の部下から360度評価を受けるシステムを導入し, 従業員の行動に影響を与える決定については質問票調査を実施して, 従業員が提示したすべての提案に耳を傾けようとした[8]。

　もちろん, 顧客や従業員を最優先にしない企業もある。これらの企業の役員は株主を最優先にする。彼らにとっては株価の上昇が最も重要な目標である。企業経営において最も重要な義務として株主利益の最大化が議論される際に, 米国大企業のCEOたちによって組織されたビジネス・ラウンドテーブルは, 株主主義の合理性について, 次のように公式表明で説明した。「企業には, 従業員, 地域社会, 政府などの関係者に対するさまざまな義務があるとよく耳にします。しかし, これらの義務のなかで最も重要な義務が, 長期的に株主価値を最大化することです」[9]。

　問題は, 株主を最優先にして, 長期的に成長した企業が見当たらないことである。評論家はその理由として, 日々変動する株価に対応することで短期志向になってしまうこと, そして目的が手段を正当化する哲学が生まれてしまう危険性を指摘した。株主価値第一主義の支持者であったジャック・ウェルチも, 今は株主価値第一主義を声高に反対している。「見たところ, 株主価値は世界で最も馬鹿げた考えです。株主価値は戦略ではなく, ただの結果です。……あなたが重要視すべきことは, 従業員, 顧客, 製品です」[10]。

　このように批判はあるが，株主価値を最優先にする選択が必要な場合もある。金融市場で取引を行うトレーディング会社や，経営難に陥っている企業に投資するプライベート・エクイティ会社を考えてみよう。市場で株主の資金を用いて取引する企業であれば，他の価値よりも株主利益を優先にすることが妥当である。

　もし，あなたがこれから株主を最優先にすると決定したら，動機付けの面で問題が生じるかもしれない。組織構成員に顧客を大切にさせたり，能力の開発に投資させたりすることは可能である。しかし，株主を豊かにするために組織構成員を一生懸命に働かせることは別の話である。そのため，株主を最優先にする企業は組織構成員を動機付けるために，持株制度，ストックオプション，1株当たり利益（EPS）に連携したボーナス制度などを活用している。その目的は，個人の利益を株価の上昇に結び付けることで，コスト削減，競合他社の買収，貸借対照表の資産と負債の操作など，マネジャーが株主価値に関連した困難な決定を下すよう動機付けることである。

　ファイザーのCEOであり，ビジネス・ラウンドテーブルの会長でもあるハンク・マッキンネルが株主価値第一主義に関する声明を発表した当時，彼はファイザーの株価を上げるために，ワーナー・ランバートとファルマシアのような競合他社の買収に数百億ドルの株主資本を支出していた。同様に，サンディ・ワイルも役員の報酬を株価の上昇に直接に連携させて，株主の財産を増やすことを優先した買収専門家であった[11]。サンディはシティコープとトラベラーズを合併して，シティグループの設立を成功させた。コスト削減というシナジーをもたらす両社の合併は，株主価値を高めることに専念してきた彼の最も注目すべき成果である。

　AIGも，株主価値に注意を向け，従業員を動機付けるために，株式付与制度を積極的に活用する企業の1つである。株式付与のインセンティブによって，従業員は金融派生商品の一種であるクレジット・デフォルト・スワップのような，レバレッジ効果の高い（少なくとも短期的に収益性の高い）金融商品を作るように促される。2005年に粉飾会計でハンク・グリーンバーグがCEOから

退いた後，AIGの報酬委員会はインセンティブ制度を強化して，次のように発表した。「執行役員を含んだ従業員全員にも追加的に株式付与制度を適用すべきです。従業員の離職を防ぎ，株主価値に集中させるためには，直接的なインセンティブが必要になるからです」[12]。

　株主，従業員，顧客のなかで，あなたの中核となる価値観は誰を最も重要視しているのか。各々の選択は，それぞれ異なる価値創造の理論を基盤としている。あなたは，どのような選択が最適であるかを決めることができる。顧客を第一にする企業は，顧客との良好な関係が企業の長期的な成功のカギだと信じている。サービス企業のように，従業員を第一にする企業は，献身的な従業員が顧客を満足させるために最善を尽くし，利益を多く創出すると信じている。株主を第一にする企業は，従業員が営業利益や資産活用率を高め，保有資産を増やすことによる価値創造に集中すべきだと信じている。

　このなかで，どれが最善の選択なのか。短期的な利益を得るために投資したいのであれば，現在は低業績であるが，株主価値を最優先にするCEOが新しく就任した企業に投資した方がよいであろう。しかし，長期的な観点で投資するのであれば，顧客や従業員を最優先にする役員がいる企業を選択した方がよい。それは，企業が直面する状況によって，役員が行う意思決定はそれぞれ異なるからである。

▶2　中核となる価値観は意思決定の指針となるべきである

　誰を最優先にするかとともに中核となる価値観を明確に定義したら，その中核となる価値観に基づいて行った困難な選択を問題なく説明できるようにしないといけない。もし，問題なく説明できたという事例が見当たらないのであれば，これはまだ中核となる価値観が機能していないことを意味する。

　IBMのCEOであるサム・パルミサーノは，顧客の問題を解決するために世界各地の従業員が相互に協力した事例や，統合的な解決策を提示するために担当地域の利益をあきらめた地域マネジャーの事例などをよく言及した。彼は，

顧客を最優先にするというIBMの中核となる価値観を強化するために，これらの事例を活用したのである。パルミサーノは次のように説明する。「中核となる価値観は，株主，従業員，顧客が有する利害の調和をもたらします。あらゆる場合において，あなたは決定を下さなければなりません。中核となる価値観は，その場しのぎの方法ではなく，企業文化とブランドに一貫した方法で決定する助けとなります」[13]。

　中核となる価値観に基づいて下した困難な決定には，どのようなものがあったで

> どのような困難な決定が
> 中核となる価値観により導かれたのか？

あろうか。誰を最優先にするかを明確に定義した企業のマネジャーであれば，そのような事例を簡単に見つけるであろう。J&Jでよく言及される事例がある。それは，1980年代半ばに，シカゴのある小売店で汚染されたタイレノールの瓶が発見された際，同社は全国のすべての売場からタイレノールを回収したという物語である。この一例を通じてJ&Jは，顧客のためには困難な選択も厭わないことを従業員に伝えている。

　バイオックスを市場から撤退させたメルクの決定も，顧客のために下した困難な選択の一例である。メルクの研究者と役員は，バイオックスが200億ドル以上の利益にかかわっていることに加えて，疼痛の管理に重要な医薬品であることを知っていた。メルクの役員は，バイオックスの撤退を発表すれば，メルクの市場価値が下落することを予想していたが，決して決断に迷うことはなかった（実際に数時間で250億ドルが下落した）。「患者を最優先にする」という中核となる価値観が明確にあったので，メルクの役員は迷わずに正しく判断することができた。この決定により，同社は短期的には財務面での損害を受けたが，長期的には利益を得ることとなった。メルクに対する人々の信頼が高まり，投資家にもたらされる利益も以前の水準に回復したからである。

　J&Jとメルクの決定は，人の健康と命にかかわる問題であったため，当然の判断だと思う人もいるかもしれない。しかし，ファイザーの役員は異なる選択を行った。役員は，ファルマシア買収により得られた医薬品であるセレコキシ

ブが心血管系の問題を起こす可能性があることを知っていた。しかし，ファイザーはブラックボックス警告ラベルを貼った製品を継続的に販売することを決め，セレコキシブの効果を積極的に宣伝し始めた。ファイザーの株主は2つの方法で利益を得ることができた。1つは数十億ドルの損失を回避したことであり，もう1つはバイオックスを購買できなくなってしまったメルクの患者を奪ったことである。

　従業員を最優先にする企業もある。あなたが従業員第一主義を選択した場合，これを守っているか否かは景気がよくないときに確認できる。景気後退の際は，従業員の雇用を維持するために，あなたは低業績を厭わないからである。

　サウスウエスト航空は，3万2,000人の従業員は「無解雇」という原則で，従業員第一主義の経営哲学を実現している。CEOのギャリー・ケリーは，2009年の景気後退の際に，次のように述べた。「私たちは一度も従業員を解雇したことはありません。従業員の給料を削減したこともありません。特に今年は景気後退で厳しい状況ですが，解雇や給料の削減を避けるために，私たちは大いに努力しています」[14]。製鉄企業のニューコアも同様の原則を適用している。ニューコアのスポークスマンは次のように述べた。「私たちは無解雇の原則を1966年から守ってきています。現在，厳しい経済状況のなかでも，私たちはこの原則を守っています。ニューコアの工場を訪問して，働いている従業員を見ると，いかに生産的で献身的に働いているかが確認できます」[15]。

　株主を最優先にする企業での典型的な困難な決定は，財務業績を向上させるためのコスト削減と組織規模の縮小に関連するものである。農業機械を製造するジョン・ディアの役員は，在庫と売掛金が過剰にあることと，製品価値が価格に反映されていないことを心配していた。また，経営業績も低調であった。

　ジョン・ディアの役員はこの状況を克服するために，経営業績を測定する重要な基準として「株主付加価値」を導入した。役員はこの基準を自身のボーナスに連携させた。結果は驚くようなものではなかった。役員は経営実績が低調なホームライトのチェーンソー事業を売却し，新しく建てられた工場のなかで，あまり活用していない工場の稼働を中止した。他の部門では従業員の20パーセ

ントを解雇した。在庫は大幅に減少し，売掛金の回収も厳しくした。その結果，財務業績は劇的に向上したのである[16]。

▶3 最優先顧客以外の関係者に対する責任

　顧客や従業員を最優先にすることが間違っていないように，株主を最優先にすることも間違っていない。各々の選択は，それぞれ異なる価値創造の理論に基づいているからでる。しかし，あなたの決定によって影響を受ける最優先顧客以外の関係者に対する責任を忘れてしまうと，トラブルに巻き込まれるかもしれない。

　株主価値をもたらすために，アル・ダンラップは過度にコストを削減したため，「チェーンソー・アル」というニックネームまで付けられた。ダンラップは，１年間CEOをしていたスコット・ペーパーで最も著しい成功を成し遂げた。彼は従業員全体の35パーセントに該当する１万人以上の従業員と70パーセントの企業スタッフを解雇した。ダンラップの大胆な行動により，１株当たりの株価は38ドルから120ドルに上がった。その後，彼はスコット・ペーパーをキンバリークラークに60億ドルで売却して，それによって１億ドルの個人報酬を得た。この成果に対するダンラップの誇りは，彼の著書*Mean Business*（卑劣なビジネス）のタイトルに表れている[17]。

　株主価値を高めるという名目で，従業員を解雇し，工場を閉鎖したことにダンラップは満足していたようである。しかし，彼が品質や生産技術に投資しないことを決定した際に，被害を受けたのは顧客であった。後に，サンビームのCEOに就任したダンラップは，無分別な組織再編で経営を悪化させ，同社から突然解雇された。

　従業員と組織共同体の運命に影響を与える，このような権力乱用に反対する人々は，役員には自らの決定によって影響を受けるすべての関係者の幸福を向上させる義務があると主張する。この見解の支持者は，「企業の責任」というフレーズを「社会的」という言葉に付け加えて表現し，役員が社会全体の幸福

を向上させるために企業資源の一部を割り当てる必要があると思っている。一方で，これに反対する人は，幸福を向上させるために企業資源を投入することは企業の責任ではないと主張する。

　この議論のどちらに同意するかに関係なく，株主，従業員，顧客のなかで誰を最優先にするかのあなたの選択によって，最優先顧客以外の関係者が損害を受けてもよいということではない。セレコキシブを継続的に販売するというファイザーの決定で，株主は利益を得た。しかし，同社は製品にブラックボックス警告ラベルを貼って，患者と医者にセレコキシブの効能だけではなく，危険性も十分に知らせた。それによって，患者と医者はその情報に基づいて判断を行うことができたのである。

　あなたの中核となる価値観には，最優先顧客以外の関係者に対する責任も含まれているであろうか。この点を明確にするために，中核となる価値観において，組織構成員が担う企業責任の「最低限」の水準を明示する必要がある。

> **中核となる価値観は
> 最優先顧客以外の関係者に対する
> 責任を認識しているのか？**

その責任の水準を明示する1つの方法は，医者が行うヒポクラテスの誓いのように，組織構成員全員に「損害を与えない」という責任を担わせることである。言い換えると，組織構成員は最優先顧客以外の関係者に損害を与える行動をしてはならないという義務がある。

　損害を与えないことは，実現しやすい基準に見えるかもしれないが，実はそうではない。工場は廃棄物と排気ガスを生み出し，古い施設は新しい施設に置き換わり，従業員は組織規模の縮小で職場から追い出される。また，責任の基準も国によってそれぞれ異なる。それでも，損害を与えないという基準は明確にする必要がある。そして，これを実現するために，組織構成員全員が努力すべきである。

　過去，ウォルマートとナイキは損害を与えないという基準の実現に失敗した。両社は企業の基本的な責任について再考し始めた。発展途上国での労働搾取で告発されたナイキは，世界中にいる130人の従業員で組織されたチームととも

に，CEOに直接報告を行う企業責任担当副社長を選任した。副社長の任務は，最低限の勤労条件の向上や健全な環境政策の推進という企業責任に関連する目標を，ナイキの活動のすべての側面を通じて実現していくことであった[18]。同様に，ウォルマートは，車両運送の効率性を3年間で25パーセント，10年間で2倍に増加させた。また，各店舗でのエネルギー消費を30パーセント削減し，固形廃棄物も25パーセント削減した。さらに，ウォルマートは「持続可能な発展」という目標に5億ドルを投資した[19]。

　もちろん，損害を与えないという基準をはるかに超えた水準で事業を行うことには，戦略的な理由があるかもしれない。アメリカ最大の電力・ガス会社であるエクセロンを検討してみよう。エクセロンの12基の原子炉は，比較的少ないガス排出量で発電するように設計されている。しかし，エクセロンのCEOであるジョン・ロウは，2020年までに年間1,500万トン以上の温室ガスを削減するという野心的な戦略を発表した。これは，年間300万台の車を道路からなくすことに相当する[20]。環境に配慮した発電施設の運営企業として，エクセロンの料金体系は同社に対する世間の好感度と政治的な規制機関の影響を受ける。そのため，エクセロンにとっては環境経営の戦略を実行するのが賢明なのである。これは，さまざまな産業の事業も同様である。

　あなたの企業は，最優先顧客以外の関係者に対する責任を規定しているであろうか。また，組織構成員はその関係者に対する最低限の責任を明確に理解しているであろうか。

　中核となる価値観の定義を適切に明示したよい事例の1つは，J&Jの信条である。J&Jはこの信条を1943年から使用している。4つの段落で構成されているJ&Jの信条には，従業員が責任を負い，適切な水準で配慮すべき4つの関係者が明示されている。

　最初の段落は，「われわれの『第1』の責任」は，われわれの製品およびサービスを使用してくれる患者，医者，看護師，そして母親，父親をはじめとする，すべての顧客に対するものであると確信する」と始まる。この定義には，J&Jが最優先にするさまざまな顧客が含まれている。

続く2つの段落には，従業員と地域社会に対する最低限の責任水準が明示されている。最後の段落には次のように，「われわれの第4の，そして最後の責任は，会社の株主に対するものである。事業は健全な利益を生まなければならない。われわれは新しい考えを試みなければならない。研究開発は継続され，革新的な企画は開発され，将来に向けた投資がなされ失敗は償わなければならない。……これらすべての原則が実行されてはじめて，株主は正当な報酬を享受することができるものと確信する」と書かれている。

　J&Jの信条は，本章で言及した3つの重要事項をすべて含んでいる。この信条を見ると，まず，優先順位は顧客が1番目に，従業員と地域社会が2番目に，株主が最後であることがわかる。次に，タイレノール事件のような危機的状況において，どのような決定を下すべきか，その指針が提示されている。最後に，最優先顧客以外の関係者に対する責任が明示されている。

　J&Jの信条には，他にも注目すべき事項がある。それは，長期的な観点に注意を向けていることである。経営陣の責任には，現在の人々だけではなく，未来世代にも損害を与えてはならないということが含まれている。例えば，信条には「われわれが使用する施設を常に良好な状態に保ち，環境と資源の保護に努めなければならない」と書かれている。また，株主のために，次のことが記述されている。「逆境のときに備えて蓄積を行わなければならない」。

　J&Jの信条の基盤は，関係者に対する責任である。J&JのCEOであったラルフ・ラーセンは，「この信条が重要ではないと思う人や，この信条の価値を信じない人は，J&Jに長く残れません。J&Jはそのような人を拒否します。遅かれ早かれ，会社に損害をもたらす行動をするからです。体がウイルスを追い出すように，結局，J&Jはこのような人を追い払います。この信条は私たちにとって北極星のようなものです。従業員が座って行動指針を定めようとする際，誰かが『どうやって私たちの信条に結びつけますか？』と言います」[21]。

4 中核となる価値観へのコミットメント

　中核となる価値観を紙に書いたり，額に入れて壁に掛けたりすることは難しくはない。しかし，企業のトップからボトムまで，組織構成員全員がその中核となる価値観に従って行動することはそれとは別の問題である。

　経営の上層部が，中核となる価値観にコミットしているか否かは，以下の2つの方法で確認できる。1つめの方法は，今まで役員が困難な決定をどのように下してきたのかを確認することである。例えば，潜在的なリスクを伴うかもしれない大ヒット薬品を市場から撤退させたか否か，深刻な景気後退の状況で完全雇用を維持したか否か，株主利益を増加させるために業績不振の部門を売却したか否か，などが挙げられる。

　2つめの方法は昇進と報酬に関する決定を確認することであり，それを確認すると中核となる価値観が実現されているかがわかる。たとえあなたが一言一句正しく語り，従業員を鼓舞する価値観を公表しても，中核となる価値観に反する行動をとった従業員を昇進させ，報酬を与えると，あちこちで冷笑が漏れることになるであろう。実は，あなたが誰を昇進させるかを見ると，あなたの価値観，中核となる価値観に対するあなたのコミットメントが確認できるのである。

　日々決定が下されるミドルまたはロワーの経営層レベルでは，組織構成員が中核となる価値観にコミットしているかを確認することはより困難である。彼らに中核となる価値観が書いてある行動指針カードをラミネートして配付したとしても，中核となる価値観の通りに行動するかは保証されない。

　これを調べる方法の1つは，従業員が中核となる価値観をどのように理解し，適用しているかを専門スタッフが調査することである。これは有用な方法であり，十分に価値のあることである。

> 組織構成員全員は
> 中核となる価値観に
> コミットしているのか？

しかし時として，答えはあなたの目の前にある。J&Jの施設を歩いてみると，しばらくすると，壁に掲示されている信条を見つける。マネジャーは信条について公然と語り，困難な意思決定の基準として用いる。最近，筆者は役員たちを対象にした授業を行いながら，この視覚化の重要性を理解した。その授業で，われわれはJ&Jの信条について議論していたが，防衛関連会社の役員が手を挙げて，次のことを話した。

「私はJ&Jの信条について聞いたことはありましたが，それを見たことはありませんでした。そのため，私はJ&Jのバンドエイドを手にとって，その製品の背面に書かれている消費者相談室の電話番号を探しました。その番号に電話を掛けて，女性の相談員に『J&Jの信条の写本がほしいのですが，どちらに電話したらよいですか？』と尋ねました。すると，その相談員は私に『ファクスをお持ちでしょうか？』と尋ねました。私は『あります』と返事してから，私の連絡先を教えました。すると，1分も経たないうちに，J&Jの信条が書かれた用紙がファクスから出てきました」。あなたの組織の従業員はこのような要求にどのように対応するであろうか。

▶5 中核となる価値観に優先順位を付ける

本章では，戦略実行のための2つめの必須課題を紹介した。第1章と同様に，困難な選択が必要であることを思い出させるために，私は「中核となる」という形容詞を使用した。

どの事業でも中核となる価値観というのは，困難な決定を下したり，難しいトレードオフにおいて，誰の利益を最優先にするかということに関わる。中核となる価値観が行動指針の役割を正しく果たしているのであれば，あなたはそれが組織構成員の決定に影響を与えた事例を簡単に挙げることができるであろう。もしそのような事例を簡単に思い出せないのなら，中核となる価値観が正しく役割を果たしていないのである。

　ここまで戦略実行の基盤となる2つの要素について説明してきた。まず，誰が最優先顧客なのかを明確に定義し，それに従って経営資源を割り当てなければならない。その後，中核となる価値観に基づいて誰の利益を最優先にするかを明示し，困難な決定を下す方法について従業員を理解させる必要がある。

　戦略を正しく実行する基盤は整えられた。次の2つの章（第3章と第4章）では，戦略上の議題に組織構成員全員の注意を向けさせる方法について検討していく。

>>>注

1）Robert Simons, Kathryn Rosenberg, and Natalie Kindred, "Merck: Managing Vioxx," Cases 9-091-080 to 9-091-086 (Boston: Harvard Business School, 2009)

2）James Collins and Jerry Porras, "Building Your Company's Vision," *Harvard Business Review*, September-October 1996, 65-77.

3）Edward Wyatt, "Executives Say Fannie Mae Is Torn by Conflicting Goals," *New York Times*, April 10, 2010.

4）Simons, Rosenberg, and Kindred, "Merck: Managing Vioxx."

5）"What Makes Southwest Airlines Fly," Knowledge@Wharton, April 23, 2003.

6）Thomas J. Neff and James M. Citrin, "Herb Kelleher," *Lessons from the Top: Search for America's Best Business Leaders* (New York: Doubleday, 1999), 187-192.

7）Linda Hill, Tarun Khanna, and Emily Stecker, "HCL Technologies (A)," Case 9-408-004 (Boston: Harvard Business School, 2008).

8）Ravindra Gajulapalli and Kamalini Ramdas, "HCL Industries: Employee First, Customer Second," Case UV 1085 (Charlottesville: University of Virginia Darden Business Publishing, 2008).

9）Business Roundtable, "Principles of Corporate Governance," May 2002, 25, http://www.ecgi.org/codes/documents/brt_may2002.pdf.

10）Francesco Guerrera, "Welch Condemns Share Price Focus," *Financial Times*, March 12, 2009.

11）Neff and Citrin, *Lessons from the Top*, 334.

12）AIG Proxy Statement 2006, www.ezonlinedocuments.com/aig/2006/proxy/html2/aig_proxy2006_0017.htm.

13）Samuel J. Palmisano, "Leading Change When Business Is Good," *Harvard Business Review*, December 2004, 60-70.

14）Jessica Shambora, Adam Lashinsky, Barney Gimbel, and Julie Schlosser, "A View from the Top: The World's Most Admired Companies," *Fortune*, March 16, 2009, 105-122.

15) Jessica Dickler, "Employers: No Layoffs Here," CNNMoney.com., December 11, 2008.

16) Ray Goldberg and Hal Hogan, "Deere & Company," Case 9-905-406 (Boston: Harvard Business School, 2004).

17) Brian Hall and Rakesh Hhurana, "Al Dunlap at Sunbeam," Case 9-899-218 (Boston: Harvard Business School, 2003).

18) Eugenia Levenson, "Citizen Nike," *Fortune*, November 17, 2008, 165-170.

19) Marc Gunther, "The Green Machine," *Fortune*, July 31, 2006, 42-57.

20) Exelon 2020 Strategy, http://www.exeloncorp.com/environment/climatechang/overview.aspx.

21) Neff and Citrin, *Lessons from the Top*, 212-213.

第**3**章

どの必須の業績変数を
追跡しているのか？

What Critical Performance Variables
Are You Tracking?

　リザ・ジョンソンは困難な決定に直面していた。シティバンクのロサンゼルスにある30の支店の地域担当マネジャーとして，彼女はジェームズ・マクガランの期末評価を行い，ボーナスを支給しなければならなかった。マクガランはロサンゼルスで最も重要な支店を管理していたが，その支店は金融街に位置しており，バンク・オブ・アメリカとウェルズ・ファーゴの支店との競争は激しいものであった。

　マクガランは目標値を20％も上回るという優れた財務業績をあげていた。また彼は同じ評価システムで評価されたあらゆる支店のなかでも，最高の収益および最大の貢献利益を生み出していた。

　しかしその一方で，問題も存在していた。シティバンクは高レベルの顧客サービスをもたらすリレーションシップバンキングを実施することで，その地域の市場での差別化を試みていた。そしてこの戦略に組織構成員全員の注意を向けさせるために，シティバンクは新しいバランスト・スコアカードを設定した。そのスコアカードにおいては，伝統的な財務尺度に加えて，5つの業績変数に対応した新たな尺度が追加された。この5つの業績変数とは，戦略の実行，

顧客満足，コントロール，組織構成員，そして標準である。支店を統括するフリッツ・ライガーは，顧客満足の尺度が各支店を長期的な成功に導く最も重要な指標であると考えていた。

　新たに設定されたバランスト・スコアカードで測定されるマクガランのスコアは，1つの例外を除いて優れたものであった。つまり，彼の顧客満足に関するスコアは平均を下回るものだったのである。しかしそれには考慮に値する要因が関係していた。それは，マクガランはライガーが統括する支店のなかで最も大きく最も運営が困難な支店を担当していたこと，顧客の過度の要求や激しい競争に直面していたこと，ATMやインターネットバンキングのようなシティバンクの中央集権的なサービスを管理する立場になかったことである。これらの制約があるなかで，顧客満足を改善するために可能なことはやり尽くしたとマクガランは信じていたし，財務業績が現実を物語っていると彼は主張した。

　マクガランのボーナスが新しいバランスト・スコアカードでの業績と結びつけられることとなり，リザ・ジョンソンが抱える問題はいっそう難しいものとなった。標準を上回る格付けがなされ，最高水準のボーナスを得る資格を有するためには，マクガランは設定されたスコアカードのすべての尺度において少なくとも標準値を達成しなければならなかった。つまり，顧客満足に関する彼のスコアが標準を下回ったということは，ボーナスがかなりカットされてしまうことを意味していた。マクガランのプライドが危機に瀕する（彼はそれまで満額のボーナスを受け取っていた）だけではなく，彼は競合他社から積極的な勧誘を受けていた。それにもかかわらず，シティバンクはその新しいスコアカード（特にスコアカードのなかの顧客満足の尺度）を戦略にとって必須のものであると見なしていた。他の支店のマネジャーは，マクガランのケースを注意深く見ていた。マクガランのために例外を設けることは，新しい測定システムの完全性を破壊することになり得る。一方で，もし新しいスコアカードのシステムがマクガランの貢献を正しく測定しないのであれば，彼が退社してしまうかもしれないというリスクもまた存在していた[1]。

　このジレンマは，目標を設定しアカウンタビリティを割り当て，業績を監視_{モニタリング}することの効力とその落とし穴をわれわれに思い起こさせる。収益という1つの尺度で見たとき，マクガランは非常に優れた業績を挙げている。そして収益の増加は顧客満足に関する究極的な尺度でもある，と多くの人は主張するであろう。

　しかしわれわれは皆，収益のような会計尺度を成功の判断材料とすることの限界に気づいている。GMでは100万台もの未販売の自動車がディーラー在庫として存在していることを第1章で示した。顧客の好みを無視したことがこの問題の根幹には存在していたが，GMの収益認識の指針によってそのような事態が持続してしまったのである。顧客に販売されるのを待たずして，自動車が工場の門扉から出たときにGMは収益を帳簿に記録した。結果として，顧客が買いたくもない自動車が製造され続けたために，財務面での成果が全く得られなかったのである。

　シティバンクのように，多くの企業は成功を測定するために幅広い指標を取り入れている。しかし，この方法で誰もが幸せになれるとは限らない。管理のために求められる変数と尺度の数に圧倒され，混乱させられるとマネジャーは文句を言う。3つめの戦略実行のための必須課題である「業績目標を追跡する」は，あなたの組織を戦略の成功に前進させ得るものである。しかしその追跡を下手に行ってしまうと，組織全体が道を踏み外しかねない。

　本章では，業績尺度が戦略の実行を妨げるのではなく確実にその実行を助けるために尋ねなければならない問いについて検討している。本章の目標は，あなたが有する尺度やスコアカードによって，組織構成員全員が確実に戦略上の議題に注意を向けるようになることである。

　どの必須の業績変数を追跡しているのか，という問い（「必須の」という形容詞にその焦点は当てられている）が，検討のスタート地点である。

　筆者がシティバンクのこの事例を授業で組織の幹部たちに教えていたとき，かなり熱のこもった議論が起こった。新しく設定

どの必須の業績変数を追跡しているのか？

されたバランスト・スコアカードに関する取り決めを無視すべき，すなわち顧客満足が低スコアであることをリザ・ジョンソンは無視すべきであり，満額のボーナスとともに総合面でも秀でた評価をジェームズ・マクガランに与えるべきであると受講者の半分は主張した。その受講者たちは，そのスコアカードは新しすぎて信頼できない，コントロール不可能な要因を数多く含みすぎている，そしてそのスコアカードが基づくサンプルのサイズが小さすぎる，と言い張った。マクガランはトップの業績をあげており，そのような人物として評価されるべき，ということである。

残りの受講者は頑なに自分たちの意見に固執した。彼らは顧客満足の重要性を知らせるスコアカードのシステムにこだわった。彼らの意見に従えば，マクガランは総合面では標準の評価となるべきであり，彼のボーナスはそれに応じて削減されるべきである。彼らにとって評価システムの完全性は，個人の感情よりも重要なものなのである。

もしマクガランが適切に評価されないなら彼を失うことになってしまうというリスクについて，それぞれが主張を重ねるにつれて，議論は激しいものになった。議論の最後には，シティバンクは新しいスコアカードの尺度の重要性を伝えるためには，マクガランを退社させることを厭うべきではないと感じた受講者もいた。

解決策が見えそうになかったので，筆者は議論に介入するために，シティバンクのスコアカードの指標は適切な変数を測定しているとどのようにして確信するのかを受講者に尋ねた。すなわち，戦略の実行，顧客満足，コントロール，組織構成員そして標準というスコアカードの5つの指標は，収益の増加や収益性をもたらす本当の主要因なのか，ということである。受講者は筆者のこの質問に対する答えがわからないことを認識し，互いに主張することを止めた。

あらゆる業績尺度の有用性を評価するためには，それらの尺度が適切な物事を測定しているのかどうかについてまず判断を下さなければならない。さもなければ，誤った指標に基づいて重要な判断を下すことになるかもしれない。

尺度が適切な物事を測定しているのかどうかを検証する方法は1つしかない。

それは，価値がどのように創造されると信じているのかを説明することである。その説明を行ってはじめて，どの変数および尺度が戦略の成功にとって必須のものなのかを判断することができる。

▶1 リストから理論へ

　シティバンクで行われていたのと同じように，もし戦略に明確なつながりのない業績指標の束を現在追跡しているならそれは，組織構成員にとって意味があるのかどうかわからない尺度のでたらめなリストを彼らに提示しているのである。適切な物事を測定していると組織構成員（あるいはあなた）は，どのようにして確信することができるのか。この不確実性を打破する唯一の方法は，価値創造についての自身の理論を説明することである。なぜなら，その説明によってさまざまな変数がどのように噛み合うのかを組織構成員全員が理解できるからである。

　図2は，高レベルのサービスという戦略をとっているリテールバンクの場合，価値創造の理論がどのようなものになるのかの例を示したものである。

　左から右にこの図を見ると，インプット，プロセスそしてアウトプットの多様な変数間のつながりが示されている。良好な顧客関係を創り出し，そして最終的には市場シェアの拡大と財務業績をもたらす変数をこの図は説明している。

　業績尺度のリストを価値創造の理論に変換することによって，追跡している業績変数をあなたが選択した理由を，組織構成員全員が理解可能となる。なぜあなたはいくつかの変数を選び出しそれ以外のものは選ばなかったのか，組織構成員は疑問を持ち，仮説を検証し，理解することができるのである。

　ここで示した仮想の図は，シティバンクでの顧客満足の重要性を評価するためのレンズを提供する。つまり，この図によってわれわれは，顧客満足の尺度が役員にとってなぜとても重要なのかが理解可能となるのである。しかしこの図は疑問ももたらす。漏れている変数はないのか。特定された変数に不適当なものはないのか。変数間のつながりは正確なものなのか。

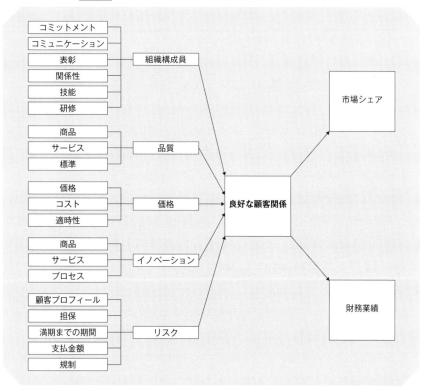

図2 リテールバンクの業績に影響を与える主要因

価値創造に関するあなたの理論は，複雑である必要はない。シンプルな理論は伝えることが容易である。例えば，CEOであるビル・マリオットの価値創造の理論は，彼が有する2,500ものホテルにおいて広く理解されている。彼曰く「もし従業員が大切にされているなら，彼らはお客様を大切にし，そしてそのお客様は再び訪れるでしょう。基本的にはそれがわが社の中核となる価値観です」[2]。

マリオットの価値創造の理論は何度も繰り返されてきたので，4つの必須の業績尺度（従業員の満足，来客者の満足，収益，RevPAR（利用可能客室当たり収益））に経営管理上の注意を向ける理由を組織構成員全員が理解している。

マリオットは目標を設定しマネジャーを評価するためにこれらの尺度を利用している。彼の企業では4つの必須の業績尺度を注意深く追跡しており，それゆえにそれらの業績尺度をボーナスや昇進に結び付けているが，そこに不確定なものは何も存在しない。自身が何に対してアカウンタビティを有し，そのアカウンタビリティに応じて行動するということを組織構成員全員が知っているのである。

あなたの価値創造の理論はどのようなものか。それについてシンプルな文章で示すことができるであろうか。あ

> どのような価値創造の理論を
> あなたは採用するのか？

るいはより複雑な図が必要であろうか。価値創造の理論の形態にかかわらず，あなたの仕事は自身の事業戦略を明確にすることであり，そうすることで組織構成員全員が事業戦略を理解することができ，価値創造にとって必須の変数に自身の努力を集中させることができるのである。

▶2 | 本当に必須のものは何かを見極める

もしあなたの価値創造の理論が先ほどのリテールバンクの図のように全くもって複雑であるなら，どの変数が本当に必須のものであるのかを組織構成員が理解する助けが依然として必要であろう。なぜなら，複雑な価値創造の理論のもとでの変数の選択は間違いなく困難なものとなるからである。

リテールバンクの業績に影響を与える主要因を思い返してみよう。この図には28の変数があったが，そのなかで必須のものはどれであろうか。図のなかの「表彰」と「リスク」は同じ重み付けとなるであろうか。「コスト」と「コミュニケーション」はどうであろうか。どちらがより重要であろうか。

30，40，50，それどころか60もの尺度を有するスコアカードをおそらく見たことがあるであろう。そのようなスコアカードは，より多くの尺度が追加されればより完璧でより良いスコアカードとなるという誤った信念のもと創り出されたものである。ITの進歩のおかげで，私たちはより低いコストでますます

多くの物事を測定できるようになった。それにもかかわらず，なぜより多くの尺度を追加してはいけないのか。

　その理由はシンプルなものであるが，しばしば見落とされるものでもある。つまり，経営管理上注意を向けるべきは，最も不足している経営資源に対してなのである。スコアカードに多くの尺度を追加すればするほど，機会コストを支払うことになり，組織構成員は本当に重要な物事に注意を向ける時間が少なくなる。関係のない尺度がもたらす過度の負担によって，本当に必須の変数が見失われてしまうのである。

　このような事態がどのようにして生じるのかは，簡単に理解できる。多くの組織において，役員は全員の仕事を高く評価していると組織構成員に示すために，あらゆる物事を把握しようとする。ゆえに役員は，疎外感を抱く者がいないようにするために，あらゆる役割や職能に対する尺度や測定の基準を義務のように注意を向けるもののなかに含めてしまうのである。しかしそうすることで彼らは，「必須のもの」と「あると助かるもの」を混同してしまう。そして，注意が散漫になり焦点が失われてしまうという当然の結果に至り，それゆえに業績が低迷するのである。

　したがって，スコアカードをシンプルにすることがあなたの仕事である。ハネウェルの引退した会長であるラリー・ボシディは，われわれに次のことを思い起こさせる。「『私には10の優先すべきことがある』と言うリーダーは，自分が話していることをわかっていません。最も重要なことが何であるのかをわかっていないのです…うまく目的を成し遂げるリーダーたちは，誰もが理解可能な本当に数少ない明確な優先事項に注意を向けます。明らかに現実的であるいくつかの目標や優先事項を設定すれば，それは企業全体の業績に影響を及ぼすでしょう[3]…その時々の状況にもよりますが，私は普段，1年間で選ぶ主要な尺度は3つだけにしています。また，1年間ずっと同じ物事を測定しなければならないとは私は考えません」[4]。

　検討すべき問題は他にも存在している。より多くの変数や尺度をスコアカードに追加するにつれて，イノベーションが退けられてしまうことは避けられな

いであろう。フランチャイズの拡大と標準化された料理に焦点を当てていたかつてのマクドナルドのフィールド・コンサルタントは，定められた業務基準を順守しているかを測定するために，各店舗を３ヵ月に１度訪問していた。彼らは25ページの報告書のなかで，500を超える測定の基準に基づいて分析し報告を行った。これらの尺度によってもたらされた制約により，自身の店舗をどのように運営するかに関するいかなる自由も店舗マネジャーには与えられていなかった。イノベーションを行うあるいは顧客の好みに対応するという機会は全く与えられていなかったのである。標準化によって平凡さがもたらされたが，この平凡さは尺度がもたらした過大な負担によるものでもある[5]。

　膨大な数の尺度を有するスコアカードは，これと同じ問題を引き起こすであろう。尺度の過大な負担によって自由が減り，組織構成員はどのように仕事をすべきかについて頭ごなしに押し付けられる。つまり組織構成員は自由を制限された状態で業務にあたることを強いられるのである。そしてもし，あると助かるというためだけに設定されている尺度によって過大な負担が組織構成員にもたらされているのなら，彼らは圧倒されいら立っていると断言できる。

　もしスコアカードをシンプルにしようと考えるなら，どの尺度を維持し，どの尺度を破棄するのかの判断を助ける方法がここに存在する。

▶**3**　失敗に注意を向ける

　この先の５〜７年間を思い描いてみよう。成功を心に描くのではなく，最悪の事態を想像してみよう。例えば，戦略が失敗しているという光景を思い描いてみよう。製品は優位性を失い，競合他社が自社を追い抜き，最も優秀な組織構成員が去ってしまったような光景である。戦略が破綻していることを想像してみよう。

　何が間違っていたのであろうか。何がこの大失敗を招いたのであろうか。

　このような想像をすることは不愉快であるが，戦略にとって必須の業績変数を見極めるためには必要なのである。すなわち，事業がもしこの側面で失敗し

ているなら，戦略全体が失敗しているのだと見なすことができる業績変数を見極めるのである。

　失敗に注意を向けることは極端かもしれないが，それはウォーレン・バフェットが広く用いる方法である。彼の助言は以下のようなものである。「反転させなさい。常に反転させなさい。状況や問題を上下反対にしなさい。その背後を見なさい…私たちの計画が全て誤っているなら何が起こるでしょうか？たどり着きたくないのはどこでしょうか？　そしてどうすればそこへたどり着いてしまうのでしょうか？　成功を探す代わりに，どのようにすると失敗してしまうのかについてのリストを作成しなさい」[6]。

何が戦略の失敗を
引き起こすのか？

何が戦略の失敗を引き起こすのか。新しいテクノロジーを活用できないことであろうか。低コストの部品供給，品質，政府当局との関係性，招き入れた組織構成員が戦略の失敗を引き起こすのか。

　戦略はそれぞれに異なるが，自身の企業の成功にとってとても重要な3つのことをリストアップできることが必要である。すなわち，もし事業がこれらの変数において失敗するなら，戦略全体が危険にさらされているかもしれないというような3つのことをリストアップするのである。それらはどのようなものであろうか。少々時間をとってそれらを書き出してみよう。

1.＿＿＿＿＿＿＿＿＿＿＿＿＿＿＿＿＿＿＿＿＿＿＿＿＿＿

2.＿＿＿＿＿＿＿＿＿＿＿＿＿＿＿＿＿＿＿＿＿＿＿＿＿＿

3.＿＿＿＿＿＿＿＿＿＿＿＿＿＿＿＿＿＿＿＿＿＿＿＿＿＿

　あなたおよびあなたのマネジメント・チームが追跡し監視する物事の頂点に，これらの必須の変数を位置付けるべきである。これらの変数を頂点に位置付けることを疑問に思うかもしれないが，そうしなければ相対的にほとんど重要でない尺度の長いリストのなかで，これらの変数は見失われてしまうのである。

　この取り組みによって複数の疑問点が見えてくる。例えば，シティバンクの戦略の失敗を想像すると，リレーションシップバンキングに焦点を当てた同社の戦略の失敗原因は，顧客満足よりも顧客の忠誠にあるのかもしれない。ルーティンとして通帳取引を行うために銀行に来る顧客を満足させようとするのではなく，ターゲットとなるセグメントの顧客と長期間の関係性を築くことがシティバンクの戦略の支援には必須のものなのである。

　あらゆる組織は，自分たちの戦略が成功するために本当に必須となるいくつかの尺度のみ有する。アマゾンでは購入者にとっての利便性が，自社の戦略の失敗を引き起こし得る物事の頂点に位置付けられる。ゆえに，役員は購買が可能な限り簡単になることに注意を向け，１クリック当たりの収益やページ当たりの収益に注意を向ける[7]。シティバンクでは，顧客満足は（もしくはひょっとしたら顧客の忠誠も），市場シェアやターゲットとなる顧客からの収益と組み合わされる。マリオットでは，従業員の満足や来客者の満足そして２つの財務尺度（収益とRevPar）に注意が向けられる。

　必須の業績変数を見極めたあとでさえ，事業にとって適切な尺度を選ぶには，幾分工夫をこらすことが必要かもしれない。この説明のために，小売業のノードストロームを検討してみよう。高レベルのサービスで定価販売という同社の戦略は，高所得者層の顧客の継続的な忠誠を当てにしたものであるが，驚くことに，ノードストロームは顧客の忠誠を直接測定しようとしない。その代わりに，販売員の時間当たり売上高という尺度を用いている。これは奇妙な選択のように思えるかもしれない。しかしその選択は，ノードストロームの事業における戦略を成功させるために，その尺度が何をもたらすのかに関する明確な理解に基づいたものである。

　ノードストロームの役員は，顧客の忠誠をもたらすことができる販売員を雇用し，その雇用を維持し続けることが自社の戦略にとって最も必須の要素であると信じており，最も優秀な販売員は自身の顧客を財産として扱うということを学んできている。顧客を財産として扱うとは，顧客の服のサイズやスタイルの好みを記録し続け，新しいアイテムが入荷したときは顧客に電話をかけ，簡

単に購入できるよう個人向けの宅配を提供する，という待遇をするということである。このようなサービスに対する高いコミットメントのおかげで，最上レベルの販売員は高レベルの顧客の忠誠やリピート販売，時間当たり売上高をもたらす。対照的に，高レベルのサービスを提供する活力や率先力をもたない販売員は低い時間当たり売上高のスコアに苦しみ，やがてはノードストロームを去ることになる[8]。

戦略実行の核心を本当に突く少数の必須の尺度に注意を向けるよう，スコアカードはシンプルなものになっているであろうか。むしろ，本当は重要でもない膨大な数の変数（あると助かるが，成功と失敗の差を明らかにできない変数）によって取り散らかっているのではないであろうか。

▶4 いくつの尺度なのか？

誰かにアカウンタビリティを課すために，尺度をいくつ設定するのかを決めるという困難な事態にマネジャーはしばしば直面する。これに関して簡単な回答を示そう。尺度の数は，7±2である[9]。

考え方はシンプルである。人は7つの物事（そして窮地では9つの物事）を記憶することができる。もしアカウンタビリティが課されている尺度を容易に思い出すことができるなら，それらの尺度は仕事を進めるうえで行う選択に影響を与えるものであろう。なお，このことは簡単に確認できる。組織構成員に，自身がアカウンタビリティを負っている尺度は何かを尋ねてみよう。もしその組織構成員のスコアカードに15や25あるいは40もの尺度が存在したら，彼はそれらを思い出すことはできないし，それらの尺度は彼の日々の行動に最小限の影響しか及ぼさないであろう。もしその組織構成員が7つ（±2）の尺度に対してアカウンタビリティを負っているのなら，全く苦労なくそれらを思い出す（そして矛盾なくそれらの尺度に関する目標を追求する）ことができる。

なぜ尺度の数に下限が設定されているのか。なぜ5つ以上なのか。その理由は，尺度が少なすぎると，創造性を刺激する多様さが十分でないからである。

最低限5つ，なるべく7つの尺度によって生み出された多様なパースペクティ
ブやトレードオフが，問題に取りかかるための新しいアイデアや新しい方法を
多くの場合促進する（このことについては第5章でさらに言及する）。

　どのようにしてこのルールを普遍的に適用するのか。ここで，われわれの生
活のすべての物事は7という数字で形成されている，ということを考えてみよ
う。1週間の日数，音階，虹の色，世界の不思議，大罪の数，非常に有能な
人々の習慣[i]（白雪姫に出てくるこびとの数は言うまでもない）。電話番号の
7つの数字もまた，市外局番が加わるまでは記憶しやすいもののカテゴリーに
含まれる（しかしあなたも筆者と同じなら，市外局番が加わった際は電話番号
を記憶しようとはせず，携帯電話のメモリーに記憶させるであろう）。

　本書の7つの問いはどうであろうか。あなたとその事業の組織構成員が7つ
の問いを簡単に思い出すことができ，戦略をより良く実行する助けとするため
に定期的に問いかけることができる。それこそが筆者の望みである。

▶5　財務業績尺度

　適切な戦略上の変数（そしてそれらを追跡するための尺度）を見極めたと確
信したとしても，適切な財務尺度を確実に追跡することが依然として必要であ
る。しかし戦略上のスコアカードの魅力に簡単に囚われ，その基本的なことを
無視してしまう。

　追跡すべき財務変数は3つの連結した利益の輪で説明されるが，それは**図3**
に示されている[10]。

　中央の輪から説明を始めよう。ほとんどすべての企業では，マネジャーは売
上収益，営業費用，純利益そして使用資産に対してアカウンタビリティを負っ
ている。しかしこれは本当に最低限のものでしかない。自身の運転資本を効果
的に管理すれば，新戦略構想に対してどれだけの資金が追加的に使えるように
なるのかということにマネジャーは多くの場合驚く。ゆえに，より優れた企業
は一番上の輪に示される尺度（売上債権，営業キャッシュそして在庫）も追跡

図3　利益の輪

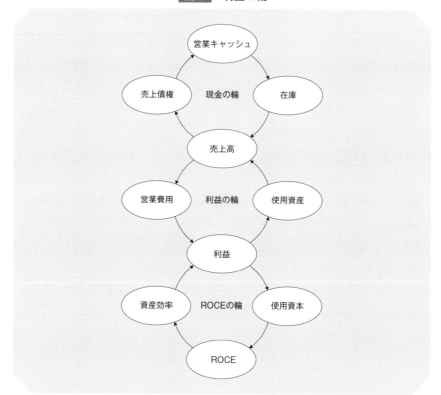

するのである。最良の企業はさらに、使用資本利益率（ROCE）に関する一番下の輪に存在する尺度（使用資本、ROCEそして資産効率）を追加して追跡する。このような企業では、財務業績を最大化するために企業のすべての資産を効果的に活用することがマネジャーに期待される。

　高業績の企業は、これらの財務尺度は成功のために常に必須のものであることを認識している。革新的な製品デザインや業界トップの技術で知られているアップルを考えてみよう。同社は在庫の回転、キャッシュフロー管理、貸借対

照表の資産勘定も重視する。売れ残り商品の価値が陳腐化によって1週間当たり2パーセントも減少する事業において，COOのティム・クックは在庫を「根本的に悪」であると主張してきた。アップルの役員は在庫回転率の計算期間を月単位でなく数日単位としている。「あなたは乳製品事業のように在庫を管理すべきなのです。もし在庫の賞味期限が切れているなら，問題が生じているのです」とクックは詳しく述べる[11]。

　このことは裏を返せば，財務面の管理が不十分な企業に対してはすぐにでも疑念を持つべきであるということを示している。良好な財務システムは良好な経営管理のために欠くことのできないものである。

　産業界でのAIGに対する名声の高まりは，CEOのハンク・グリーンバーグによって無理やりながら維持されたものであった。彼は2009年に，会計不正の取り締まりにより，罰金として1,500万ドルを支払ったのである[12]。グリーンバーグが姿を消したとしても，チェック機能とバランスを欠いた悪名高い非効率なシステムは，その後を継いだ役員にとって大きな障害であることが証明されてきている。連邦政府による大規模な緊急援助ののち，AIGの副会長であるポーラ・レイノルズは以下のように述べた。「日々の調査活動によって最良の事業は行われます。しかし，私たちは何を調査すべきなのかさえ知りません。ましてやその調査方法もわからないのです」[13]。

　あなたの財務システムは戦略を支援することができるものであろうか。最低限，収益，費用そして利益率に対してマネジャーにアカウンタビリティを課すべきである。もし最低限度以上のレベルでアカウンタビリティを課すなら，運転資本を効率的に管理するために，キャッシュフローに関する尺度に対するアカウンタビリティを追加しよう。そしてもしベストプラクティスの立場にいたいなら，すべての資産を効果的に管理するために，利益やキャッシュフローだけでなくROCEの尺度についても，マネジャーにアカウンタビリティを課すべきである。

　あなたの事業はどのように評価されるのか。

▶6 アカウンタビリティを創り出す

　適切な必須の（財務と非財務両方の）業績変数を見極め，注意を逸らすものを排除したら次は，目標設定，アカウンタビリティ，そして報酬に関する幅広いシステムにそれらの業績変数を組み込まなければならない。すなわち，必須の業績変数は結果に結び付けられなければならないのである。

　GMの前CEOであるリック・ワゴナー（穏当で思いやりのある人物として広く賞賛されている）に浴びせられた批判の1つは，彼は寛大すぎるというものであった。GMは4年間で700億ドル以上を失ったが，ワゴナーが業績不振を理由として役員を解雇することは実質的になかった。彼のおかげで弱い立場の部門や販売代理店であっても，芳しくない業績を毎年のようにあげ続けることができたのである[14]。

　一方，JPモルガン・チェースのCEOであるジェイミー・ダイモンは異なる方法をとる。彼は厳密なアカウンタビリティを要求するのである。「彼は要求の多いトップであり，業績に不満なときはそのことを当事者に知らせます。皆に気を張り詰めさせるアカウンタビリティの文化を彼は活用します」と，ダイモンのある部下は述べる[15]。収益や利益貢献度に基づいて支店マネジャーをランク付けするシステムをダイモンが導入したことが，この部下の発言をより説得力あるものにする。ダイモンが導入したこのシステムでは，5つのカテゴリーのうち最低位のカテゴリーに位置付けられるマネジャーは何ももらえないのに対して，最上位のカテゴリーに位置するマネジャーは最大65,000ドルのボーナスを受け取る[16]。

> どのように業績に対する
> アカウンタビリティを
> 創り出すのか？

　事業において，業績に対するアカウンタビリティをどのように創り出すのか。最も一般的な方法は，業績に報酬を結びつけることである。しかし報酬だけが組織構成員に注意を向けさせる唯一の方法ではない。あなた自身が業績に注意を向け，そ

の業績を追求することによっても，組織構成員に注意を向けさせることができるのである。P&GのA. G. ラフリーは，CEOに就任した際に，膨大な数の構想案を有しながら収益性がとても低いという状況にあった同社をどのように引き継いだのかを述べているが，彼がとった解決策はシンプルなものであった。つまり，個人単位でアカウンタビリティを課したのである。製品のなかに即時発送を利用できないものがあるために売上が苦戦しているということに気づいた際，ラフリーは売り逃し件数を毎週報告するよう部下に要求した。「売り逃し事例と注文に対応するためにどのような行動がとられたのかを毎週月曜日の朝に報告するよう，私が指揮を執るチームには求めています。売り逃し事例が完全に管理可能になるまで，私はこの報告を求め続けます。今日，売り逃し事例は0.4パーセント未満でした。つまり売り逃しはもはや売上や利益の喪失の主たる原因ではないのです」[17]。

　必須の業績尺度に対するアカウンタビリティを課すという方法は，フランク・ブレイクがホーム・デポのCEOに就任したときに採用した方法でもある。前任のCEOであるボブ・ナルデリは，15ページにも及ぶ細かい尺度を有するスコアカードを導入した。当然のことながら，店舗マネジャーは途方に暮れるほど多い測定の基準に不満を訴えていた。ブレイクはこの状況を改善するために，必須の尺度の数を8つに減らし（顧客満足がその8つの尺度の頂点に位置付けられた），店舗マネジャー個人にそれらの尺度に関する業績にアカウンタビリティを課した[18]。

　ところで，シティバンクのジェームズ・マクガランがどうなったのか知りたいのではないであろうか。リザ・ジョンソンとフリッツ・ライガーはマクガランに，顧客満足の尺度においては標準を下回る評価を与えた。しかし2人はマクガランを，総合面では標準を上回る評価とした。このようなことは許されるものではないとスコアカードの規則が示しているにもかかわらず。マクガランのボーナスは控えめに5％削減された。マクガランが成し遂げた優れた仕事を評価し，彼を失うという危険は冒したくなかったとライガーは言った。しかし

彼はまた，マクガランや他の従業員に対して，必須の業績変数としての顧客満足の重要性を示そうともしたのである。

彼らの判断をあなたはどのように考えるであろうか。

▶7 業績目標を追跡する

本章は，あなたの事業に携わる組織構成員全員が戦略上の議題に注意を向けることで成功がもたらされることを検証する2つの章のうちの1つである。

多くの組織において，組織構成員は多すぎる構想案や尺度に圧倒されている。自身が持つ価値創造の理論を明確にし，何が戦略の失敗を招き得るのかを見極め，そして成功を導くであろう本当に「必須」の数少ない業績尺度に注意を向けることによって，雑然とした状況を切り抜けることがあなたの仕事である。

この必須課題に満足したであろうか。

もし満足したのなら，次の章に進む時間である。第4章でわれわれは，注意を向けるものをより明確にする戦略上の境界をどのように設定することができるのかを探究すると同時に，最も重要な資産である組織の評判をどのようにして守ることができるのかも探究する。

>>>注

1）Robert Simons and Antonio Dávila, "Citibank: Performance Evaluation," Case 9-198-048 (Boston: Harvard Business School, 1999).

2）Merc Gunther, "Marriott Gets a Wake-Up Call," *Fortune*, July 6, 2009, 62-66.

3）Larry Bossidy and Ram Charan, Execution (New York: Crown Business, 2002), 69.（高遠裕子訳『経営は「実行」―明日から結果を出すための鉄則』日本経済新聞出版，2003）

4）Thomas J. Neff and James M. Citrin, "Bossidy," *Lesson from the Top: Search for America's Best Business Leaders* (New York: Doubleday, 1999), 387.

5）John Love, McDonald's Behind the Arches (New York: Bantam, 1995), 110.（徳岡孝夫訳『マクドナルド―わが豊饒の人材』ダイヤモンド社，1987）

6）Paul B. Carroll, "Why Panic Passes Him By," *Wall Street Journal*, October 15, 2008.

7）Jeff Bezos, "The Institutional Yes," *Harvard Business Review*, October 2007, 74-82.

8）Robert Simons and Hilary Weston, "Nordstrom: Dissension in the Ranks?" Case 9-191-002 (Boston: Harvard Business School, 1990).

9）G. Miller, "The Magic Number Seven, Plus or Minus Two," *The Psychological Review* 63, no. 2 (1956) : 81-97.

10）For more information on this technique, see Robert Simons, "Three Wheels of Profit Planning," *Performance Measurement & Control Systems for Implementing Strategy* (Upper Saddle River, NJ: Prentice Hall, 2000), 78-109. （伊藤邦雄監訳『戦略評価の経営学―戦略の実行を支える業績評価と会計システム』ダイヤモンド社，2003）

11）Adam Lashinsky, "Apple: The Genius Behind Steve," *Fortune*, November 24, 2008, 70-80.

12）Mary Walsh and Jack Healy, "Ex-Chief of AIG Settles Fraud Case for $15 Million," *New York Times*, August 7, 2009.

13）Carol Loomis, "AIG: The Company That Came to Dinner," *Fortune*, January 19, 2009, 70-78.

14）Alex Taylor, "GM and Me," *Fortune*, December 8, 2008, 92-100.

15）Francesco Guerrera and Gillian Tett, "Guard to the Fortress," *Financial Times*, October 13, 2009.

16）Shawn Tully, "In This Corner! The Contender," *Fortune*, April 3, 2006, 54-66.

17）A. G. Lafley and Ram Charan, *The Game-Changer* (New York: Crown Business, 2008), 8-9. （斎藤聖美訳『ゲームの変革者―イノベーションで収益を伸ばす』日本経済新聞出版，2009）

18）Jennifer Reingold, "Home Depot's Total Rehab," *Fortune*, September 29, 2008, 159-166.

＞訳者注
ⅰ）ここでの習慣とは，スティーブン・R・コヴィーの著書『7つの習慣（*The 7 Habits of Highly Effective People*)』において成功のための法則として示される7つの習慣のことである。

第**4**章

どのような戦略上の境界を
設定したのか？

What Strategic Boundaries
Have You Set?

　1996年，アメリカがん協会CEOのジョン・セフリンは意欲的な目標を掲げた。2015年までに，がんによる死亡率を半分にし，がんと診断される人の数を25パーセント減らすと宣言したのである。そして現在までの結果は自信を与えるものである。予防法や治療法の進歩に伴って，がんでの死亡率は着実に減少してきている。例えば2002年から2004年の間に，がんでの死亡率は毎年2パーセント以上減少している。

　しかし2006年までは依然として長い道のりが存在していたのであり，最も大きな障害となったのは，医療へのアクセスであった。がんでの生存率と医療保険の補償との間には強い相関関係があることを研究は示している。例えば，医療保険に加入していないステージⅠの乳がんの女性は，医療保険に加入しているステージⅡの乳がんの女性よりも亡くなる可能性が高いのである。ゆえに2006年に，新しい「医療へのアクセス」戦略がアメリカがん協会によって公表された。同協会は，見解の主張を通じて世論を動かそうとしたのである。家庭医と緊密に連携しながら，アメリカがん協会は同協会の300万人のボランティアを教育し，州議会議員および連邦議員にロビー活動を行うことによって，医

アドボカシー

69

療へのアクセスを推進したのである。

　しかし，その新しい戦略は重大なリスクも生み出した。アメリカがん協会の年間収益は，1,500万人からもたらされる1人当たり平均75ドルの寄付であった。セフリンが認めたように，「私たちの受取総額の97パーセントは個々の寄付者からのものです。ゆえに，もし私たちが行っていることを快く思わないなら，彼らは直ちに寄付を止めるでしょう」[1]。

　「医療へのアクセス」を，多くのアメリカ人が反対する，医療の社会化や単一支払者制度を要求するものだと寄付者が誤解するかもしれないことをセフリンは心配した。このリスクから「医療へのアクセス」を守るために，アメリカがん協会は単一支払者制度のためのロビー活動を行わないことを彼は明言し，アメリカがん協会の8,000人の職員に対して，以下のような境界を定めた。

　特定の党派に偏らない。

　特定の議員候補者の政治方針を推薦したり反対したりしない。

　議員候補者に献金はしない。

　政治活動委員会を組織したり支援したりしない[2]。

　がんと闘うことにおいて，アメリカがん協会はリベラルと保守の両方の人々を団結させるために尽力したが，特定の政治的見解を示すことはなかった。それは，政治的見解を示すことで，アメリカがん協会を支える寄付者の大部分から敬遠され，同協会が有するミッションの実現が難しくなるからである。

　上記の宣言で示された「～しない」は，がんを撲滅することがミッションである組織においては場違いのものかもしれない。しかしこれらの文言は新しい戦略を成功させるためには必要不可欠のものであった。

　あなたの組織も含めたあらゆる組織では，組織構成員が戦略に損害を与える

選択や行動をとるというリスクにどうしても直面してしまう。このリスクに対して，自身の事業では予防策をとってきたであろうか。

「戦略上のリスクをコントロールする」は，4つめの戦略実行のための必須課題である。以下の2つの理由により，この必須課題は必須の業績変数に関する前章の重要な続きである。1つめの理由は，業績目標によって作り出されるプレッシャーが，事業戦略を台無しにする可能性のある行動をとるように個々の組織構成員を仕向けるかもしれないからである。例えば組織構成員のなかには，成長目標を達成するためには品質を落とさないといけないというプレッシャーを感じている者もいるかもしれないので，このようなリスクから組織を守らねばならない。2つめの理由は，組織構成員が戦略上の議題の実行に成功するには，あなたが望む事業の方向と合致しない構想案に彼らの努力や経営資源を浪費させてはならないからである。境界を設定することは，この両方の目的を達成するための必須の手段である。

▶1 ネガティブな思考の力

リスクをコントロールするには2つの方法がある。それは組織構成員に対して何をすべきかを伝える方法と，何をすべきでないかを伝える方法である。

何をすべきかを伝えることによって，組織構成員が過ちを犯さなくなり，権限のない行動に関与しなくなるという保証が得られる。彼らは言われたことを行い，その他のことは何もしないであろう。もし安全と品質が最大の関心事であるなら（例えば，もしあなたが原子力発電所を稼働させているか，宇宙への打ち上げを監督しているのなら），何をすべきかを伝えることは賢明な方法である。安全と品質が最大の関心事である場合，組織構成員に標準の手順に忠実に従うよう要求することによって，彼らの裁量を制限したいと考えるであろう。原子力発電所の作業員や宇宙への打ち上げに関する技術者が自身に権限を与えられていないことに対してリスクをとることを，あなたは決して求めないであろう。

しかしながら，もしイノベーションや企業家的な思考が事業戦略にとって重要なものであるなら，組織構成員全員がどのように自身の仕事をなすべきかを厳密に特定してしまうことは望ましい方法ではない。むしろ，見つけたなかで最も才能があり創造的な人々を雇うべきであり，採用の後は彼らに何を「すべきでない」かを伝えるべきである。これによって，定められた制約のなかで自身の創造性を発揮する自由が彼らに与えられる。

　これは昔からの考え方でもある。例えば，モーセの十戒を取り上げてみよう。それは読み手になすべきことを伝えず，「汝…すべからず」として，むしろすべきでないことを伝えている。善行に対する報酬ではなく処罰という脅しによって強制されるものであるため，十戒での禁止事項にわれわれは注意を向けるのである。

　すべてのリーダーはネガティブな思考の力を活用することができる。情熱を持った人々を雇い，彼らを激励し，意欲的な目標やインセンティブを与えよう。しかしそれとともに，どのような振る舞いによってクビになるのかも彼らに伝えよう。

　ネガティブな面での境界を常に明言すべきである。このことには3つのメリットが存在する。まず1つめのメリットは，何をすべきでないかを組織構成員に伝えることによって，どこに越えてはならない一線があるのかを疑問の余地もないほど明確に示すことができることである。そこに曖昧さは存在しない。2つめのメリットは，高尚な新しいビジョンや戦略を伝えるよりむしろ，何をするとクビになるのかを伝えた方が組織構成員は注意を向けるということである。3つめのメリットは，容認できないことを定めることで，不確実な状態が続くことなく，そして後になって自身の行動が不適切だと判断されるかもしれないという不安に苛（さいな）まれることなく行動する自由を組織構成員が得られることである。

　もし事業活動上の行動規範があるのなら，すでに基本的な境界は設定されている。そのような行動規範に関する文書は概して，インサイダー取引やその他の企業の誠実性に関する違反などの違法行為を禁止している。しかしほとんど

の組織構成員は，このような行動規範にあまり注意を向けていない。彼らはおそらく行動規範を詳細に読んだことがないであろう。なぜ読んだことがないのか。それはほとんどの場合，行動規範のメッセージをわかりにくくする文章のなかに，「してはならないこと」が隠されてしまうからである。

　もし自身の組織の行動規範が2～3ページよりも長い場合，組織構成員を鼓舞することと「汝，することなかれ」を混同するという見当違いに陥っている。モーセの十戒が簡潔であることにはしかるべき理由がある。つまり，境界はただ1つの目的を有するのであり，それは，組織構成員に何をすべきでないかを伝えるということである。事業において受け入れることができず，いかなる状況下でも許容されない振る舞いこそ，境界によって特定するべきである。境界は，ミッションや価値観，戦略に関して鼓舞する場ではない。

　戦略を効果的に実行する助けとなる境界を設定するために，事業活動上のあらゆる行動規範の基盤となるネガティブな思考の力を活用することができる。これまでの章と同様に，以下の問いを提起するために形容詞[i)]に再び注意を向ける。どのような戦略上の境界を設定したのか，これがその問いである。

　「戦略上の」境界は1点を除いて行動規範と同じである。行動規範と異なるのは，事業における特定の戦略上のリスク

> **どのような戦略上の境界を設定したのか？**

に合わせて境界が設定されるということである。

　戦略上の境界によって2種類のリスクから守られる。そのリスクとは，①組織構成員が企業の評判を落とすかもしれない行動に関与する可能性，そして②現在の戦略とは合致しない機会に経営資源が流用されることである。

▶**2**　評判を守る

　企業やその従業員がとる行動や振る舞いのなかには，もし外部に報告されたら，顧客や関係者の信頼を致命的に損なう可能性を有するものもある。本章の冒頭では，新しい「医療へのアクセス」戦略を，特定の政治的見解への支持で

あると寄付者が解釈しないようにアメリカがん協会の役員が設定した境界について述べたが，彼らがこのような予防策を講じるだけのまっとうな理由がある。AARPがオバマ大統領の医療制度改革案の初期版を支持したということを大統領自身が公表した際，AARPは2ヵ月で5万人以上の会員を失った。AARPを辞めた人々は，哲学的な理由か，オバマ大統領の提案がメディケアの保障範囲を削減するかもしれないという恐怖から異議を唱えたのである[3]。

　人々のなかにはこれをフランチャイズリスクと呼ぶ者もおり，またレピュテーションリスクやヘッドラインリスクとも呼ばれる。しかし指し示すことは同じである。つまり，顧客，サプライヤー，規制者あるいは投資家からの信頼を損なうことによって，戦略全体が失敗し得る，ということである。

　世界的な金融危機の際，信頼は即座に喪失してしまうものであり，失われた信頼は取り返しのつかないものであるということにわれわれ全員が気付いた。ベアー・スターンズとリーマン・ブラザーズの役員は，融資を行っていた金融機関が同社の存続を心配し始めた際に信頼を取り戻すことができなかった。ベアー・スターンズが，リスクが高まり続ける住宅ローンの組成事業や証券化事業に急に方針転換したとき，同行に融資していた金融機関に緊張が走った。最終的にそれらの金融機関は，ベアー・スターンズが事業を行ううえでの支払能力を維持するために必要であった500億ドルの一晩の融資^{オーバーナイト・フロート}を断った。「ベアー・スターンズが翌日を期限とするレポ取引頼みであったことにより，フィデリティやフェデレーテッド・インベスターズといった金融機関は毎晩，ベアー・スターンズの今後の存続について事実上の決定権を行使しているようなものでした」とあるアナリストは言及した[4]。ベアー・スターンズはまもなく破たんを宣言した。

　日本にあるシティグループの銀行の行員が，顧客が損失隠しのために違法取引を行うのを助けているということを金融庁が摘発した際にも，同様の評判の喪失がシティグループで生じた。金融庁はシティグループにプライベートバンキング事業を閉鎖させ，その後同社は，投資管理事業や不動産投資アドバイザリー事業も閉鎖させられた。シティグループCEOのチャック・プリンスが東

京での記者会見で謝罪のために深く頭を下げている写真は，世界中の経済新聞の第1面に掲載されたが，その写真はレピュテーションリスクがもたらす結果を冷ややかに思い知らせるものであった[5]。

　このことと，ワールドコム，グローバル・クロッシングそしてエンロンとの取引を含むその他の違反が原因となりFRBは，シティグループが自社のコンプライアンス体制を改善するまで，同社の拡大と買収を全面的に禁止した。シティグループのある役員は以下のように説明をした。「正しい方法で事業を行うこととは，シティグループが行っていることそのものだと私たちは常に考えていました。『いかなる愚かなこともせず，いかなる違法なこともしない』ということは当然のことだと考えていました。しかしもしかするとそれは当然のことではなかったのかもしれません」[6]。

　このようなことはシティグループに限ったものではない。ビジネスリーダーの多くは，評判の危機によって事業が危険にさらされた後になって初めて，境界を設定することの重要性を学習するのである。GEでは，国防契約において，コストが固定価格での契約からコストプラス方式の契約に移行したことで2名の若手エンジニアが訴えられた際，予期せぬ危機が勃発した。その告訴の結果は即時的かつ手厳しいものであり，GEはアメリカ政府にとってのサプライヤーという立場が一時的に停止され，年間収益のうち40億ドル以上が危険にさらされた。

　GEのCEOであるジャック・ウェルチは方針20.10（アメリカ政府に対して仕事をするときの禁止事項をリストアップした1ページの書類）を作成するため迅速に行動した。なおそのリストの最初に記載されているのは，コストの誤請求であった。方針20.10はまた，悪行がもたらす結果も詳細に説明している。そこでは，方針20.10に背く行為があった場合，GEは当人やそのマネジャーを解雇するとしている[7]。

　何が主たるレピュテーションリスクなのであろうか。ビジネスリーダーは誰しも，自社の評判を損なうような

何が主たるレピュテーションリスクなのか？

ことを誰かがどこかでするかもしれないという認識を持って暮らさなくてはいけない。このリスクに備えるために，受け入れられないことに関するあらゆる不確実性を排除し，受け入れられない行動の禁止を宣言しなければならない。特に成長目標や利益目標が強引に押し付けられたものであるとき，組織構成員は自身の業績目標を達成するために受け入れられないリスクを冒すかもしれない，という可能性について十分に用心深くあるべきである。

　長年にわたって自動車の品質において業界トップであると認識されてきたトヨタでは，世界での販売において業界トップであるGMを追い抜くために，いくつかの品質基準が削減された。より速い成長を促すために，トヨタは数十年にわたる自社の品質に関する評判を守ってきた戦略上の境界を放棄したのである。その境界とはシンプルなものであり，それは，新しい人員による新工場では新しい製品を決して製造してはいけないというものであった。2006年にトヨタが新しい人員による真新しいテキサスの生産施設で新しいタンドラを製造し始めたことで，同社は最高品質をもたらす手法を工場から工場へ確実に伝達するこの戦略上の境界を無視してしまった。このことはナンバー１になるために競争で近道をするという判断を下すのと同じであったが，代償も存在した。2010年にトヨタは，800万台の車のリコールを余儀なくされ，最も人気のあるモデルの販売を中止し，品質問題を解決するために北米の５つの生産施設での製造を停止した。トヨタの評判（トヨタが市場での一連の成功を収めるに至った基盤）は，大きく損なわれた[8]。

　戦略と自社が属する産業によって，評判を守るために必要な境界のタイプは決定される。あなたができることは，事業にとって何が適切なのかを判断することだけである。さまざまな可能性を説明するために，ここでは４つの異なる産業（小売，コンサルティング，IT，医療）に属する企業のいくつかの例を挙げることにする。

　小売業において，ウォルマートはたとえサプライヤーからのコーヒー一杯であっても，贈り物や記念品を受け取ることを役員に禁止するという厳格な境界を有している。同社は無料の食事を受け入れたことを理由に副社長を解雇する

までに至った[9]。なぜそのような厳しい対応をとるのであろうか。それは，これらの禁止はウォルマートの低コスト戦略を阻害する可能性のあるサプライヤーの優遇を回避するために必要なのだと，役員が信じているからである。

　コンサルティング業において，マッキンゼーは従業員が顧客についての情報を誰かに（配偶者にさえ）公開することを禁止する厳格な行動規範を有している[10]。マッキンゼーは顧客の守秘義務のルールを破った者を即座に懲戒免職にしているが，この偏執的な対応にはまっとうな理由がある。2009年，顧客が有する買収計画に関する情報をヘッジファンドに漏らしたためにマッキンゼーのシニアパートナーが逮捕された際，同社はとても恥ずかしい思いをした。この事件は経済新聞で広く報道されたが，マッキンゼーの全事業を危険にさらすものであった。というのも，マッキンゼーのフランチャイジーである企業は，顧客が自身の財産に関する戦略上のデータをマッキンゼーのコンサルタントに厭わず委ねることに頼っているのである。この一件で逮捕されたシニアパートナーは懲戒免職になったが，マッキンゼーの評判に対する損害はこれまでになく深刻なものであった[11]。

　IT産業において，グーグルが有する検索事業でのリーダー的ポジションは，独立していることに対する同社への評判に完全に左右されるものである。グーグルのサイトに表示されるために報酬を支払っている広告主が検索結果にバイアスをかけていると利用者が信じるなら，彼らは即座にそしてコストをかけることなく競合他社の検索エンジンに乗り換えるであろう。この戦略上のリスクのために，グーグルは自社の従業員に明確な境界を周知している。それは「ユーザーからの信頼を失うことを正当化できる短期的な儲けはありません。私たちがもたらす検索結果の誠実さを損なうものは存在しません。私たちは検索結果において提携企業をより上位に位置付けるために順位付けを操作することは決してありません。より良いページランクを購入することは誰にもできません」というものである[12]。

　地球の裏側の全く異なる産業において，オーストラリアで体外受精事業を行っているシドニーIVFは，赤ちゃんを授かるために自社のクリニックを利用

するカップルからの信頼を確実なものとするために，戦略上の境界を創り出した。シドニーIVFは以下のものを許可していない。

▶卵子あるいは精子の匿名での提供（全ての子供には自身が遺伝的に受け継いだものを知る権利があるため）

▶他のカップルへの胎芽の提供（別の家庭に同じ親から生まれた兄弟姉妹がいるということを後に教わった際に心理学的なトラウマが生じる可能性があるため）

▶クローン化（遺伝的に不健康な個体が生み出されるリスクのため）

▶性別の選択（法的な制限のため）[13]

アメリカがん協会，トヨタ，シドニーIVF，ウォルマート，マッキンゼーそしてグーグルと，異なる産業，異なる顧客，異なる戦略であるこれらの例は全く異なるものである。しかしそこに含意されているものは一律に同じである。もし評判が戦略の実行にとって重要な資産であるなら，どのような行動が受け入れられないのか，そして境界線を踏んだ者にはどのような結果がもたらされるのかに関して疑いの余地を残さない明確な戦略上の境界を創り出すべきなのである。

> どのような行動が
> 禁止されているのか
> 組織構成員全員が
> 知っているのか？

事業に携わるすべての組織構成員は，どのような行動が禁止されているのかを知っているのであろうか。もしすべての組織構成員が知っているわけではないのなら，あなたの戦略全体がいつか危険にさらされるかもしれない。

▶3 避けるべき機会

ネガティブな思考の力を再び活用することになるが，戦略上の境界の2つめのタイプは，どのようなプロジェクトや事業の機会を避けるべきかを規定するものである。このタイプの境界は，戦略上の議題に組織構成員全員の注意を向

けさせることを意図したものである。

　創造的な組織構成員が携わるあらゆる事業は，新しいアイデアに富んでいる。特に，もし第3章で述べたような業績目標（そして第5章で議論されるイノベーションに駆り立てるための技法）を利用しているなら，組織構成員は新しい機会を採り入れ，追求するであろう。しかし，抑えの利かない創造性や焦点の定まらない構想案は，戦略をその進むべき道から引き離す可能性がある。そのような場合，組織構成員は膨大な数の異なる指示のもとに働き，希少な経営資源（現在の戦略上の議題を実行するために捧げられるべき経営資源）を浪費するであろう。

　規律なき成長は通常，面倒な事態を招く。このリスクはスターバックスの創業者であるハワード・シュルツにもたらされた結果において明らかである。1,000店舗から17,000店舗への急速な拡大によって，スターバックスというブランドが弱まってしまったことを彼は後悔した（同社は2007年だけで2,500以上の新店舗をオープンさせた）[14]。寂れた小型ショッピングセンターにまで統制の利かない拡大がなされたことを述べ，彼は以下のことを思い出した。「私たちにはノーと言う規律がありませんでした。『その立地の店舗はオープンすべきではない』と言い損ねたことが問題だったのです」[15]。

　戦略上の境界によって，規律なき成長において避けることのできない浪費や失敗が回避される。革新的で価値のあるプロジェクトであると考えるものにマネジャーが時間や経営資源を投資することは，彼らを失望させることにもなり得る。なぜなら，たとえ時間や経営資源を投資しても，上級役員がそのプロジェクトを支援しないということを土壇場になって知るだけであるからである。戦略上の境界は，企業家のような行動力を集中させることによって，このような努力の浪費を回避することができる。組織構成員になすべきことを伝える（そしてそれゆえに組織構成員の創造性を制限する）のではなく，マネジャーに避けるべき新戦略構想はどのようなものかをあらかじめ伝えよう。

　携帯情報端末の開発に対するプレッシャーに対してノーと言う規律がなかったので，アップルはiPodを開発するための十分な経営資源を有していなかった，

とスティーブ・ジョブズは主張する。「焦点を当てるとは，焦点を当てなければならない物事に対してイエスと言うことだと人々は考えます。しかしそれは焦点を当てるということが意味するものでは全くありません。焦点を当てるということは，その他の100個の優れたアイデアにノーと言うことを意味しているのです」とジョブズは言う[16]。

　明確な戦略を持つためには，困難な選択が必要である。証券会社のエドワード・ジョーンズの戦略上の境界では，自社がしないことが厳密に説明されている。すなわち「私たちはペニー株やコモディティ，あるいはその他のハイリスクの証券を売るのではありません。私たちはデイトレーダーに仕えているのではなく，オンライン取引を提供する必要がないと考えています…私たちは機関投資家や企業に助言するのではありません…当座預金のようなサービスを提供しません…私たちは自主的に何でも自分でできる人たちを対象としていません」[17]。

　事業の本質が何であれ，どのような機会が残されているのかを明言できるべきである。なぜなら，あらゆる市場のあらゆる人々に対してあらゆることをしようとすることは，ただ1つのことを意味するだけであるからである。それは，明確な戦略を持っていないということである。

　戦略上の境界を設定するという発想は新しいものではない。それはGMの最初の事業戦略の基盤をなすものであった。複数の製品を区分するために，アルフレッド・スローンは各販売会社に，自社の製品が競争しなければならない価格帯を割り当てた。車をどの価格で販売するべきかを彼は言わなかったが，販売できない価格（各ブランドの上限の価格と下限の価格）は指示した[18]。100年後，GMはこの重要な教訓を忘れてしまっていた。GMのアメリカでのブランド（シボレー，オールズモビル，ビュイック，ポンティアック，サターン）のポートフォリオは非常に重複しており，市場で特色のあるポジションを創り出すことは不可能であった。

　利益になるプロジェクトや新しい機会に対してノーと言うことは，決して評判のよいものではない。特に現在の戦略上の議題に全く適合していないが儲け

を生み出す機会が与えられたとき，戦略上の境界を取り払おうとするプレッシャーが多くの場合生じるのであり，ここでその例を挙げる。エネルギー企業大手のAESはその創業時，途上国に対する過剰な投資が行われないようにするため，役員は単一の市場への投資の最高限度額を設定した。役員は当初，この限度額をキャッシュフローと投下資本の5パーセントに設定した。1990年代に，彼らはその限度額を10パーセントに引き上げた。そして1990年代の後半，新しい機会がレートの上昇とともにもたらされたとき，役員は限度額という境界を完全に取り払うことを決定した。AESが破産寸前の瀬戸際となり同社を去った創業者のデニス・バーキはこのことを，巨額なものとなりその後帳消しとなった損失の金額を劇的に増加させた傲慢な行為だったと後に述べた[19]。

　たとえ評判のよいものではなくても，ノーと言うことは素晴らしいことである。ウェルズ・ファーゴの役員は2008年から2009年の金融危機を切り抜け，ウォーレン・バフェットの賞賛を得た。彼らは構造化された投資商品やロードックの住宅ローンを避けるよう従業員に伝える境界を設定していたために，金融危機を切り抜けることができたのである。ほとんどの競合他社とは異なりウェルズ・ファーゴは，バフェットの手掛ける事業を獲得するために，市場よりも低い金利でバークシャー・ハサウェイに融資することを拒否した。そしてこの融資の拒否によってウェルズ・ファーゴはバフェットの尊敬を得たのである。彼は笑いながら明言する。「それこそがまさに彼らがどのように考えるべきかを示すものだったので，私は大いにしびれました。銀行業者の本質は…彼らは何をしないのかで見えてきます。そしてウェルズ・ファーゴがしなかったことが，彼らの卓越さを明らかにしています」[20]。

　戦略上の境界は，多様な形態をとる。そしてこの境界によって，避けるべきプロジェクト，避けるべき製品，避けるべき市場などを特定することができる（そして特定すべきである）。つまり，どのような新戦略構想を支援「しない」のか。

　戦略上の境界および戦略の明快さに関して筆者がお気に入りの例として挙げる

> どのような新戦略構想を
> 支援「しない」のか？

のは，給与計算処理企業のADPである。ADPの戦略上の境界は，以下のことができない事業はいかなるものであれ支援しないということを明確に示している。

▶ 年間の経常収益で1億ドルを生み出す

▶ 15パーセントの成長率を持続する

▶ 5年以内に市場でトップになる可能性を有し，トップもしくは2位になる

▶ カスタマイズされていない標準化された製品やサービスを提供する

▶ 明確な撤退のプランを有する

これらの境界は固定的なものではない。というのも，これらの境界が妥当なものかを確かめるために，役員は3年ごとに再検討し，もし必要があればこれらの境界を調整する。そしてこれらの境界の要求すべてを満たしていないプロジェクトに対しても，役員は経営資源の割り当てを限定的に行うであろう。しかしどのような事業であれ一定の期間はこれらの境界に適合しなければならず，さもなければその事業は撤退となる。一方で，これらの明確な境界は成長を抑制もしてきた（ADPはこれらの境界がない方が大きくなっていたであろう）が，その明確な境界によってADPは，アメリカの上場企業のなかで最も長期間にわたって途切れることなく1株当たり利益を2桁で増加させ続けるという，一貫して収益性の高い企業となることができた[21]。2010年1月，ADPはAAAの信用格付けを受けた4つの非金融企業のなかの1つにもなった（他の企業はエクソン，マイクロソフトそしてジョンソン・エンド・ジョンソン（J&J）であった）[22]。

（無秩序のなかでもうまくやっていく企業もあるが）どのような企業も，戦略上の境界を必要とする。「無秩序な行為」で知られる企業であるグーグルを検討してみよう。役員はエンジニアに，自身が主たる責任を負う領域外でのプロジェクトに自身の時間の20パーセントを費やすよう促す[23]。しかしエンジニアたちが4つのハードル（プロジェクトは顧客に評判のよいものでなければならない／プロジェクトに取り組むためにその発起人は他の従業員を引きつけられなければならない／プロジェクトは大きな問題を解決するものでなければ

ならない／プロジェクトは企業内部の業績目標に適合しなければならない）を
飛び越えることに失敗するなら，役員たちは早急にその実験的なプロジェクト
を中止させる。支援「されない」プロジェクトを明確にすることによって自由
を与えているこれらの境界は，戦略上の将来性を有するとは考えられないプロ
ジェクトに浪費される時間を制限するものである[24]。

　どのような新戦略構想が支援されないかを組織構成員は知っているだろうか。
もし知らないのであれば，あなたが戦略を考えるなかで支援されないものをよ
り明確にする必要がある。

▶**4**　言動を一致させる

　リスクを管理するために境界を利用する（あるいは利用しない）という判断
は，あなたが行う事業に引きつけられる組織構成員のタイプに影響を及ぼすで
あろう。組織構成員のなかには，仕事の実施方法を厳密に指示される組織で働
きたい者もいる。彼らは規則に従うことによって心が安まる（実際，規則に従
うことを好んでいる）。そのような人々を引きつける組織は，創造性，自発性，
そして革新性を欠いているであろう。しかし，そのような組織でも正確にぴっ
たりと当てはまる者もいるのである。

　行動力と企業家精神を有する者は，それとは全く異なる種類の事業を選択す
るであろう。このような人々はなによりも自由に価値を置く。彼らが好む雇用
主とは，何をすべきかを指示せず，代わりに何をすべきでないかを指示する企
業である。そしてそのような企業では，すべきでないことの制約のなかで自身
の能力を最大限発揮するための自由が彼らに与えられる。

　境界は，ルールやマニュアル，標準的な手順といったものを伴った官僚制に
対するアンチテーゼである。デザインによっては，境界の範囲は狭いものにも
なるが，だからといって扱いやすいものになるわけではない。評判に関するリ
スクに対するものであろうと経営資源を流用するリスクに対するものであろう
と，黒いナプキンにでも境界を描けなければならない。しかし，境界を設定す

るためにコンサルタントや精力的な専門スタッフを雇う必要はない。事業や戦略に関する自身の知識に基づいて，どのような行動が禁止されているのかを（たった1ページで）明示できるようになるべきである。

　なお，もし境界を設定することを選択するなら，境界は報酬ではなく処罰によって強化される，ということを心に留めなくてはならない。それゆえ，境界線を踏むいかなる者にもすすんで罰を与え，もし必要があればそのような者は解雇しなければならない。強力にそして着実に処罰を行うことで，あなたの行動に関する話は組織の至る所に伝わり，規定した禁止事項の重要性が補強されるのである。

　境界線を越えるいかなる者にも罰を与え，必要があれば解雇するということは，困難だが必要な判断である。そしてその判断が最も重要になるのはトップをおいて他にない。このようなことは自身には決して起こらない（企業の誰も自身の特権を危険にさらすようなことはしない）と考えているのであれば，考え直しなさい。組織構成員は誤りを犯しがちであるので，境界からの逸脱は避けられない。それにもかかわらず，多くの企業は設定した境界を徹底的に守る度胸を有していない。誰かが不適切な行動をしたという事実に光を当てたり認めたりしたくないのである。

　信条と価値観でよく知られた企業であるJ&Jは，そのような度胸を有している。海外子会社のマネジャーが医療機器を確実に販売するために，役人に賄賂を贈っていたこと（同社の行動規範および連邦海外腐敗行為防止法によって禁じられている行為）が判明したとき，同社は即座に証券取引委員会と司法省にそのことを知らせ，そのマネジャーを解雇した。企業の誠実性という観点からより重要なことは，J&Jの医療機器部門のグローバル役員は直接的には賄賂の贈与に関与していないが，最終的な責任を認め辞任したことである[25]。

▶5　戦略上のリスクをコントロールする

　境界は自由を創り出すためにネガティブな思考の力を活用する。あなたが設

定した境界はどこにあるのかを組織構成員は知ろうとし，それゆえに彼らは禁止されている行動や支援されない構想案のタイプを理解することができるのである。

　明確な「戦略上の」境界のなかで，組織構成員は誰もが自由に，戦略を支援するために自身の創造的な潜在能力を十全に発揮することができる。前章で議論した必須の業績変数と組み合わせることによって，戦略上の境界は，戦略上の議題に組織構成員全員の注意を向けさせるのである。

　この必須課題に満足したであろうか。組織構成員が行ったすべきで「ない」ことに関して，あなたは困難な選択を行ったことがあったであろうか。もしそのような選択をしたことがないのなら，戦略上の議題は危険にさらされている。

　もしこの必須課題にすでに対応できていると感じたなら，次のトピック（戦略を成功させるために，事業にかかわるすべての組織構成員に全力を出させるよう動機付ける方法）に移る準備ができたということである。これは次章の主題であるが，筆者はそこでいくつかの困難な選択を行うことを追加で要請するつもりである。しかし，まさに自身が創り出そうとしているプレッシャーから組織を守れるほどに戦略上の境界が十分に強固なものであるという確信がない限り，次の章に進むべきではない。

>>>注

1）Robert Simons and Kathryn Rosenberg, "American Cancer Society: Access to Care," Case 9-109-105 (Boston: Harvard Business School, 2008).

2）*Ibid*., 14.

3）Kathrine Q. Seelye, "The 'Me' in Medicare," *New York Times*, September 8, 2009.

4）William Cohan, "The Rise and Fall of Jimmy Cayne," *Fortune*, August 18, 2008, 95.

5）David Ibison, "Citigroup Apologizes to Japan," *Financial Times*, October 26, 2004.

6）Peter Lee, "What Citigroup Needs to Do Next," *Euromoney*, July 1, 2005, 1.

7）Robert Simons, "General Electric Compliance Systems" and "General Electric Valley Forge (A)-(H)," Case 9-189-010 to 9-189-016 and 9-189-081 (Boston: Harvard Business School, 1993, 1991).

8）Paul Ingrassia, "Toyota: Too Big, TooFast," *Wall Street Journal*, January 29, 2010.

9）Suzanne Kapner, "Changing of the Guard at Wal-Mart," *Fortune*, March 2, 2009, 68-76.

10）Joanna Pachner, "McKinsey & Co.: The Man Behind the Curtain," *Canadian Business*, February 15, 2010, 32-37.

11）Robin Dharmakumar, "Living Down a Good Name," *Forbes India*, November 11, 2009, www.forbes.com/2009/11/11/forbes-india-mckinsey.

12）http://google.com/corporate, August 11, 2009.

13）Robert Simons, Kathryn Rosenberg, and Natalie Kindred, "Sydney IVF: Stem Cell Research," Case 9-109-017 (Boston: Harvard Business School, 2009).

14）Claire Miller, "Now at Starbucks: A Rebound," *New York Times*, January 21, 2010.

15）Brad Stone, "Original Team Tries to Revive Starbucks," *New York Times*, October 30, 2008.

16）Betsy Morris, "What Makes Apple Golden," *Fortune*, March 17, 2008, 68-74.

17）David Collis and Michael Ruskstad, "Can You Say What Your Strategy Is?" *Harvard Business Review*, April 2008, 82-90.

18）Alfred Sloan, *My Years with General Motors* (New York: Doubleday, 1990), 30.（有賀裕子訳『［新訳］ GMとともに』ダイヤモンド社, 2003）

19）Dennis Bakke, *Joy at Work* (Seattle, Wa: PVG, 2005), 209.

20）Adam Lashinsky, "Riders on the Storm, *Fortune*, May 4, 2009, 72-80.

21）Robert Simons and Hilary Weston, "Automatic Data Processing: The EFS Decision," Case 9-190-059 (Boston: Harvard Business School, 1999). ADP's run of double-digit EPS increases spanned 1961 to 2003.

22）Geoff Colvin and Jessica Shambora, "J&J: Secrets of Success," *Fortune*, May 4, 2009, 116-121.

23）Adam Lashinsky, "Chaos by Design," *Fortune*, October 2, 2006, 86-98.

24）Vindu Goel, "Why Google Pulls the Plug," *New York Times*, February 15, 2009.

25）Associated Press, "Johnson & Johnson Reveals Improper Payments," *International Herald Tribune*, February 13, 2007.

＞訳者注
ⅰ）ここでの形容詞とは，'strategic'（「戦略上の」）を指す。

第5章

どのように創造をもたらす 緊張感を生み出すのか？

How Are You Generating Creative Tension?

　Jボートの設立者であるロッド・ジョンストンとボブ・ジョンストンは悩んでいた。ボート製造産業が不況の真っただ中にあり，彼らの事業は存続の危機にさらされていた。

　1990年11月5日，ジョージ・H・W・ブッシュ大統領は新税金法案に署名した。この法案は，「よく聞いてください。新税はありません」という誓約を破ったものとしてよく知られている。1月1日より，10％の贅沢税が，1万ドルを超える宝石と毛皮，3万ドルを超える自動車，10万ドルを超えるボート，25万ドルを超えるレジャー用航空機に課されることになっていた[1]。

　ボート産業への影響は甚大であった。ニューヨークの有名な販売店は，1990年に30艘の高級ボートを販売したが，1991年には2艘しか販売できなかった。ヨットの全国売上高は77％落ちた。25,000人の作業員が一時的に解雇され，複数のボート製造会社が破産宣告していた[2]。ロッドとボブは，何か新しいアイデアを思いつかなければ，次は自分たちの番になりうるとわかっていた。

　Jボートの物語は，ボート産業で伝説となっていた。ヒューレット・パッカードの設立者であるビル・ヒューレットとデビッド・パッカードが，パロア

ルトの質素な車庫で最初の製品を組み立てたのと同じように，ロッド・ジョン
ストンは，コネティカットの車庫でJ/24ヨットの原型を建造した。「車庫は，
長さが28フィートで，端に作業台があり，ドアの幅は9フィートでした。J/24
が24フィート×8フィート11インチであったのは偶然ではありません」とロッ
ドは説明している。J/24は1976年に売り出され，世界中で最も有名で幅広く認
知されたヨットになった。Jボートは，その後数年にわたって，何千ものヨッ
トを建造し，製品ラインアップは22フィートから52フィートまでのモデルを扱
うまでに拡張した。毎年，全世界で10万人以上の人が，Jボートを操縦してい
た。フォーチューン誌は，Jボートをアメリカで製造された最高の製品100の
1つに迎え入れた。

　1991年の春，危機は迫っていた。需要が消えていく中，ボブ・ジョンストン
は，Jボートがこれから建造しようとする全く新しいタイプのヨットのコンセ
プト案を準備した。コンセプト案は，贅沢税が課されないように価格は10万ド
ル未満，速くて，楽しくて，操縦が簡単，性能と品質に対するJボートの評判
を活かすものでなければならなかった。設計者ロッド・ジョンストンが創った
「J/105」という35フィートのヨットはヒットした。格納可能なバウスプリット
を備えた流線型の「スポーツボート」のコンセプトは，Jボートの息を吹き返
させた。また，このコンセプトは競合他社にも追随され，ボート産業に大変革
を引き起こした。Jボートは今日においても，高性能，高品質を先導する地位
を保っている。

　この産業を主導したイノベーションは，贅沢税（1993年に廃止された）によ
るプレッシャーがなければ，着想されなかったかもしれない。ボブ・ジョンス
トンによると，J/105のアイデアは，「窮鼠の創造性理論」と彼が呼ぶものの結
果である。壁際まで追い詰められたとき，イノベーションを起こさなければな
らない。さもなくば死が待ち構えている[3]。

▶**1**　イノベーションを求める市場のプレッシャー

　企業家と企業家精神にあふれたスタートアップ企業で働く人々は，イノベーションを起こさなければならないというプレッシャーがどのようなものかわかっている。彼らは，顧客が価値を見出す製品・サービスを供給しなければならず，それができなければ生き残れない。他に選択肢はないのである。市場は，競争の勝敗を公平かつ無情に判定する。

　事業に携わる組織構成員をこのような競争のプレッシャーから守ってしまうと，彼らはイノベーションを進んで起こそうとはしないであろう。また，組織が大きくなればなるほど，外部からの競争のプレッシャーから楽々と逃れることができる組織構成員も多くなる。ある人事担当の上級役員は，「私たち組織構成員にとっての勝利とは，市場で勝利することではなく，誰よりも早く昇進することでした」と述べている。

　あなたが営む事業の性質や規模がどのようなものであろうとも，競争が激しい市場で事業を営むのであれば，競争に勝ち続けるために，絶えずイノベーションを起こさなければならない。イノベーションは，漸進的な改善のようなものもあれば，画期的なものもある。あなたがイノベーションを起こさなければ，他の誰かが起こすであろう。そして，顧客を奪われてしまう。逆に，独占規制や政府の保護主義政策を通じて，企業を競争から守ることは，新たなアイデアを確実に沈滞させてしまう方策であり，長期的に見れば持続不可能である事業を人為的に支援していることになる。

　比較的大きな組織においてイノベーションを促進させるための技法は，よく知られている。自律的なチーム，仮想ネットワーク，スカンクワーク^{ⅰ）}の試みは，まさに，イノベーションを促進する環境を創造するために利用される。これらの技法は，イノベーションに適した状況を創造するために有用であるが，それだけでは十分ではない。馬を水場に連れていく方法は教えてくれるが，最後の「肝心な」局面までは網羅できていない。馬に水を飲ませる方法は，教え

てくれないのである。

　本章は，戦略実行のための必須課題の5つめとなる「イノベーションに駆り立てる」ための技法を扱う。あなたは，良好な環境を作り，後はうまくいくよう願うだけではなく，組織構成員が創造力の限界まで辿り着けるよう，十分に後押ししているであろうか。筆者は，駆り立てる（spurring）という動詞をあえて選んでいる。これから検討する技法は，組織構成員にとっては厳しく，心地が悪いものであるが，イノベーションと業績を高いレベルで実現したいと望むのであれば，必須の技法である。

　筆者は，危険な領域に足を踏み入れようとしていることを自覚している。業績に対するプレッシャーを組織構成員にかけることは，リスクをもたらす。特に，注意を怠った場合はそうである（イノベーションに駆り立てるための技法を適用する前に，優先順位が付けられた中核となる価値観を確実に持ち，最低限の責任を確実に伝達し，明確な戦略上の境界を確実に設けよう）。しかし，プレッシャーをかけないことは，より大きなリスクをもたらす。イノベーションを起こせないために，時間が経つにつれ，競争上の強みが奪われてしまうかもしれないのである。

　「どのように創造をもたらす緊張感を生み出すのか」という問いによって，事業においてイノベーションを最大化するために適切な技法が利用できているかが検証されるであろう。

どのように創造をもたらす緊張感を生み出すのか？

　イノベーションは，競争市場において自然に起こる。しかし，組織の中においては，自然には起こらない。われわれは皆，結末の予測がつくルーティンや習慣を身につけている。仕事は進んだが，考え事にふけていて，そのプロセスを全く思い出せないという経験がある人は多いであろう。仕事のルーティンも同様に，無意識の反応をもたらす。われわれは，毎日，同じ仕事を同じような方法でこなしている。

　イノベーションに駆り立てるためには，このような安心できる習慣を断ち切らなければならない。事業に創造をもたらす緊張感を与えることで，居心地の

よい領域から組織構成員を押し出さなければならない。もちろん，この課題に関わることができるのは全員ではない。創造をもたらすための能力は，人によって異なる。しかし，組織構成員それぞれが持つ能力の中で全力を尽くしてイノベーションを起こすようプレッシャーをかけ，気を張った状態にさせなければ，組織構成員は間違いなく，結末の予測がつくルーティンに縛られたままとなる。そして，自身の事業が，よりイノベーティブな競合他社の後塵を拝することになるリスクは高まるであろう。

▶**2**　勝利を求めるプレッシャーを創造する

　多くの事業は，企業家精神にあふれるスタートアップ企業のように，生か死かという市場のプレッシャーに直面していない。一方で，すべての事業の役員は前述のアプローチを模倣できる。

　事業のリーダーとしての最も重要な職務の1つは，市場のプレッシャーを事業の中に取り込み，組織構成員が，競技者のように考え，行動するように動機付けることである。そして，あらゆる競争と同様に，目標は勝つことである。インテルの前CEOであったアンディ・グローブは，「マネジャーの最も重要な役割は，組織構成員が市場で勝つために情熱を傾けて専念する環境を作り出すことです」と，この点が重要であることを強調している[4]。

　戦略を支えるためにイノベーションがどれほど必要か，また，組織構成員を行動に駆り立てるために創造をもたらす緊張感がどれほど必要かを決めることができるのは，あなただけである。事業や産業は，それぞれで異なる。この選択は，天に任せるべきではない。

　あなたは，どのように事業に携わる組織構成員全員が勝利を引き寄せる競技者のように考えるよう動機付けるのか。以下では，イノベーションに駆り立てるための技法の一覧を検討しよう。このリスト

> どのように組織構成員全員が勝利を引き寄せる競技者のように考えるよう動機付けるのか？

を読み進め，組織構成員を勝利を引き寄せる競技者に変貌させることによって，彼らの力を最大限に引き出せているかを自問してほしい。

（1）厳しい目標を課す

　競争的な振る舞いを促すための最も一般的な方法は，達成が困難な目標を設定することである。この本質は，オリンピックのアスリートに求めるように，組織構成員に過去の個人業績を超えるよう求めるところにある。挑戦的な目標と呼ぶ事業リーダーもいれば，大きく困難で大胆な目標と呼ぶ事業リーダーもいる[5]。用語は異なるが，コンセプトは同じである。事業を従来通りに営むことも，漸進的に改善することも十分ではない。全く異なることをすることのみが，挑戦的な目標を達成できる見込みのある唯一の方法である。あなたは，ボブ・ジョンストンの窮鼠の創造性理論に追随して，成功するための方法を取り入れなければならない。

　アメリカがん協会のCEOであるジョン・セフリンは，このコンセプトを1996年に採用した。それは，8,000人の職員と，300万人のボランティアに対し，2015年の達成目標，すなわち，がんによる死亡者を50％減らす，がんの発症率を25％減らす，がん患者の生活の質を目に見える形で向上させるという目標を提示した年であった。これらの目標は現状のままでは達成できそうになかったので，役員たちは，前進するためのイノベーションを見つけようと意見を出し合った。その結果，全く新しい戦略である「医療へのアクセス」が生み出され，2015年の達成目標が提示されて以降，新たに25万人以上の命が救われた。この突発的なイノベーションは，厳しい目標によって生まれた創造をもたらす緊張感がなければ，決して起こらなかった。

　厳しい目標は，大企業において特に重要となる。組織構成員が官僚制の中で居心地よくしていることを許してはならない。かつて業界最大手で最も多額の利益を獲得していたGMの従業員は，「満足してしまい，視野が狭く，自己言及的で，現状に執着しすぎる」ようになっていた[6]。最終的にGMを破産へと導いた彼らの競争に対する無力さは，現状に自己満足するという思考の現れで

あった。これに対して，トヨタの役員は，達成できない水準に近い目標を設定することに誇りを持っている。彼らは，20年以上にわたって彼らが果たした成長とイノベーションの多くが，この実践によってもたらされたと信じている[7]。一方で，役員が厳しい目標を成長のために強く求めたことによって起きたトヨタの品質問題は，必要不可欠な予防手段として戦略上の境界を設定する重要性を思い出させてくれる（トヨタが戦略上の境界を無視したという前章の議論を見よう）。

（2）個人を順位付ける

　かつて筆者の学生であった1人が，シリコンバレーを本拠とする市場先導型技術を有する企業で働いている。この事業は，25,000人以上の従業員を抱えるまでに急速に成長し，その企業家ビジョンと大胆なイノベーションは，幅広い評価を受けている。

　キャスリーンは，新しい仕事と，同僚に満足している。しかし，彼女がビジネススクールを卒業し，入社したとき，1つの驚きがあった。それは，業績報告書と個人の順位を，予想しなかったほど情け容赦なく重視することであった。この企業は，四半期ベースで個人目標を入念に設定し，測定するだけでなく，部門長と事業ユニット長に，部下全員の個人業績の「順位付け」を求めるのである。マネジャーは，組織構成員に対して単に定性的な業績査定を行うのではなく（「最低限の水準に達しているか」，「期待を超えたか」など），1位から最下位まで順位を付ける。また，事業ユニットをまたいだ順位もあり，組織構成員の業績は，他の事業ユニットで同様の仕事をしている組織構成員と比較され評価される。

　これらの順位は，昇進する人，試験的な業績改善計画を担う人，解雇される人の決定に影響する。「経営陣は，次から次へと強く求め続けます」とキャスリーンは言う。「そして，次に何をするかは自分で決めます。新しいアイデアを出し続けなければなりません。常にプレッシャーのかかった状況におかれているのです」。

多くの企業が，これに似たアプローチを採っている。しかし，多くのマネジャーを含む大半の人は，このような技法がイノベーションが活発な企業で広く利用されている理由を熟考した経験がないであろう。

多くの人は，部下の業績報告が平均以上であれば評価する。高スコアであれば，難しい話し合いを避けることができるし，友好的な関係を維持できる。ギャリソン・キーラーのラジオ番組プレーリー・ホーム・コンパニオンの中で描かれる「女性は皆強くて，男性は皆ハンサムで，子供は皆平均以上」という世界で生きていくのは楽である。

しかし，現実世界では，皆が平均以上を取ることはできない。そして，基準以下の業績を問題にしないことは，悪い帰結をもたらしうる。ジェームズ・キルツは，2001年にジレットのCEOを引き継いだとき，役員のうち３分の２以上が，最も高いカテゴリーの評価を受けており，最大級のボーナスを得ていたことに気が付いた。キルツは，これらの査定を現実に合わせざるを得なかった。ジレットは，報酬の見積もりを15四半期の間ずっと誤っていたのである[8]。

強制的に部下を順位付けることによって，難しい話し合いは不可避となる。しかし，より重要なのは，順位を共有することによって，皆が順位を上げるよう動機付ける点にある。それは皆が，より勤勉に働くこと，自分より成功している人々を見習うこと，仕事をこなすより良い方法を試すことを促す。

このような規律を受け入れることは困難であろう。トヨタが最近雇用したアメリカ人の従業員は，目に見えて落ち着かない状態にあった。それは，彼らが工場の壁に掲示されている色付きの棒グラフを見たときであり，そこには作業員個人の相対的な業績が掲示されていた。しかしながらトヨタでは，これらのグラフは重要な役割を果たしている。新しく雇用された従業員は仕事のコツを捉えるために参考にすべき人が誰かがわかるし，トヨタ独自の文化と調和して，より経験のある従業員たちは落ちこぼれている従業員を助けることができるのである[9]。

ジャック・ウェルチは，この順位付けのシステムを考案したことで幅広く評価を受けている。GEは，半年ごとに個人を順位付け，続けて下位５％になっ

た従業員を解雇した。ウェルチは，「順位付けのシステムは，まさに論争を引き起こしました。最も弱いものを排除するのです。レッドソックスとメッツが今夜戦うとしましょう。想像してみてください。フィールドにマイナーの選手はいません。フィールドに立っているのは，ベストチームなのです。これは，残酷なシステムとして描かれるでしょうか。いや，描かれません。残酷なシステムは，チームでの立ち位置を教えてくれないシステムでしょう」と述べている[10]。

　順位付けは，本章で議論する他の技法のように，不適切に使われると不正行為を導く可能性があることを知っておかなければならない。あなたが生み出したいのは，創造をもたらす緊張感であって，破壊的な振る舞いではない。低業績のカテゴリーに属する組織構成員を増やしすぎる，もしくは，点数を機械的に処罰と結びつけると，トラブルが引き起こされる。エンロンのCEOであったジェフ・スキリングは，極端な「ランク・アンド・ヤンク」システムを導入し，半年ごとに底辺から15%の従業員を特定し，解雇した。従業員が，順位の上位者は問題取引や短期的な利益を膨らませるための会計上の見越しを行っていると疑いを抱かざるをえなくなったのは当然である[11]。

（3）ユニットを順位付ける

　個人を順位付けるアプローチは応用可能で，チームや事業ユニットを順位付けることもできる。そうすることで，ベストプラクティスを模索するためのアドレナリンを引き出すことができるであろう。ナイキのCEOであるマーク・パーカーは，毎期，フットウェアの各部門の業績を提示することで，友好的なライバル意識を刺激したいと言う。「組織構成員は，互いに相手の点数を見ます。そして集まって，次期の順位を上げる方法を熱心に検討するのです」[12]。

　筆者が，この技法の実践を初めて目の当たりにしたのは，スイスのエネルギー関連巨大企業ABBの発電事業の事業ユニット長であるヨーラン・リンダールのオフィスにおいてであった（リンダールは，後にABBのCEOとなった）。われわれは，イノベーションを促進するため，また，彼が直轄する世界中に広

がる20の発電所のマネジャーとベストプラクティスの共有を促進するために，彼が利用している方法について議論していた。

　彼は，直近に発電所のマネジャーに送った棒グラフを筆者に見せてくれた。そこには，縦軸に「電力変圧器の出力時間」，横軸に各発電所の結果が示されていた。

　リンダールは，毎月測定する3つの異なる変数の選び方，働きが比較される全マネジャーに対する比較表の送り方を説明した。「私からは，全く何も言う必要がありません。マネジャーたちは，順位が下位にならないように狂ったように競い合うでしょうから」[13]。

　このようなイノベーションは，13の地域を多様な業績尺度で順位付けているアメリカがん協会でも見られる。ある地域部門が，1～800点が付けられる患者支援の点数で他の地域部門に負けていることを知ったとき，点数が低い部門のマネジャーは，即座に点数が高い地域部門のマネジャーに電話し，その地域部門が何をしたのか，そのアイデアを活用するために自身のシステムをどのように修正・改善することができるのかを学ぶのである[14]。

▶3　ユニットを超えてイノベーションを共有する

　あなたは，内部競争のプレッシャーを高めていくのと同時に，ユニットを超えたイノベーションも駆り立てたいと思うかもしれない。これは，例えば，組み合わせ販売によって収益を増やしたいとき，費用を削減するためのベストプラクティスを共有したいとき，もしくは，既存のプラットフォームやブランドを超えた新製品開発を促進したいときに求められるであろう。創造をもたらす緊張感を生み出すことで，ユニットを超えたイノベーションに駆り立てることができる。

> どのように
> ユニットを超えたイノベーションを
> 促進するのか？

　事業において，どのようにユニットを超えたイノベーションを促進するのか。以下

に，検討すべき技法を示す。このリストを見渡し，あなたの戦略を支えるのに必要なレベルの創造をもたらす緊張感を生み出すための取り組みが十分であるか，自身に問うてほしい。

（1）アカウンタビリティの範囲をコントロールの範囲よりも広く設定する

　経営理論で効果の疑わしいものの1つに，権限と責任は同等であるべきというものがある。別の言い方をすれば，アカウンタビリティの範囲（尺度）は，コントロールの範囲（経営資源）と同等であるべきというものである。この長期にわたって出され続けた処方箋は理にかなっていると思われる一方で，ユニットを超えたイノベーションを促進するためには完全に間違っている。

　CRMシステム（顧客管理システム）を生み出したシーベル・システムズを例に検討しよう。この企業は，複雑なソフトウェアを設計・販売していたが，製品のインストールと研修については，提携先に任せていた。シーベルのマネジャー個人の責任は，製品開発，専門業界団体，もしくは，コーポレートマーケティングにあって，それらは事業のほんの一部分であった。ある事業ユニット長は，以下のように述べている。「私は日々の業務で，販売，販売コンサルティング，コンピテンシーグループ，提携，技術支援，コーポレートマーケティング，フィールドマーケティング，統合マーケティングコミュニケーションに頼っています。しかし，これらの職能で私が直轄するものはありません。私が所属するグループでさえ，ほとんどの職能を直轄していないのです。協働は，私たちの最優先事項が顧客満足であるため生まれるのです」15)。

　シーベル・システムズでは，顧客を満足させるために必要となる経営資源のすべてをコントロールしているマネジャーはいない。しかし，全員が顧客満足に対してアカウンタビリティを負っており，この必須の尺度を反映したボーナスが支払われる。つまり，アカウンタビリティの範囲（顧客満足）は，コントロールの範囲（マネジャーが直接コントロールできる経営資源）よりも大分広いのである。

これは理解できることであろうか。彼らがコントロールしていない尺度に対してアカウンタビリティを課すことは公正であろうか。

　一見おかしく見えるが，これには理由がある。シーベルのマネジャーは，彼らの職務を成功させるために，また確実に顧客を幸せにするために，創造的になる以外に選択肢はなく，必要となる経営資源を獲得する方法を探し出さなければならなかった。彼らは，この組織の中で他の組織構成員と関係を築かなければならなかった。彼らは，顧客ニーズを満たすためにイノベーションを起こさざるを得なかったのである。

　この事例は特異なものではない。今日ではこれまでにも増して，役員が，顧客満足やブランド収益など範囲の広い尺度に対するアカウンタビリティを部下に負わせている。個人がコントロールできる経営資源は限定されているにもかかわらずである。この方法は，エンパワーメントの時代において，組織構成員に企業家精神をもってもらいたいとき，適切なものである。実際，筆者の同僚であるハワード・スティーブンソンは，企業家精神を「単独の個人，もしくは組織の中の個人が，現在コントロールしている経営資源に関係なく，機会を追求する過程」と定義している[16]。

　イノベーションを起こすために組織の中で他者と働くという企業家行動を組織構成員に求めるのであれば，彼らが完全にはコントロールできない尺度に対してアカウンタビリティを課そう。

（2）コストを割り当てる

　JPモルガン・チェースのCEOであるジェイミー・ダイモンは，2008年から2009年にかけての金融危機において，世界中に広がる6つの事業で225,000人が働く同社を危険水域から助け出したことで広く評価を受けている。ダイモンは，確実にイノベーションを進行させるために，多様な技法を使っている。彼がこだわる技法の1つは，すべての一般管理費を割り当てることである。「ジェイミーは，法律にかかるものからマーケティングにかかるものまですべての一般管理費を，その利用度に応じてすべての事業に割り当てることを求めたので

す。そして，一般管理費のすべてを考慮したうえでも儲かっている事業なのかを確認したかったのです」と，戦略・マーケティング長であるジェイ・マンデルバウムは述べている[17]。

筆者は，この技法の力を，ABBの前CEOであるパーシー・バーネヴィクから教わった。バーネヴィクは，ダイモンのように，すべての一般管理費を，サービスを消費する部門と利益センターに完全に割り当てるよう主張していた。バーネヴィクはさらに一歩進んでいた。彼は，資本コストをも利益センターである各事業に割り当てるよう求めた。また，減価償却費の増加と利益の減少をもたらす，再調達コスト評価額を利用した減価償却費の計算を部門マネジャーに求めた。

なぜ会計上の割り当てがそこまで重要なのか。筆者は，割り当て先の部門マネジャーと事業ユニット長と共にその意味合いを議論するまで理解できなかった。厳しい利益目標に対してアカウンタビリティを負っている事業ユニット長が，他のユニットで発生するコストの負担を強いられるとき，何が起こるとあなたは思うであろうか。コストが割り当てられるマネジャーは，コスト発生ユニットの支出を伴う意思決定に対して，唐突に強い関心を寄せるようになるのである。

他のユニットで発生するコストを負担させられるマネジャーは，提供されるサービスの価値に関する議論や，アウトソーシングや自動化技術などへの代替可能性に関する議論に関与しようとするであろう。また，彼らは，コストを比較できるように外部のベンチマークを利用するであろう。より良く，より早く，もしくはより安く提供するために，ユニットが協働できる方法を再考することもあろう。これらのイノベーションは，コストが割り当てられるというプレッシャーがなければ，検討されないであろう。

（3）ユニットを超えたチーム・タスクフォースを編成する

組織構成員に既存の枠にとらわれず思考させるための方法として，別の枠を与えるという方法もある。組織構造は，その性質から，枠と居心地のよい領域

を創造する。この問題は組織図がある限り生じる。25年前，ITTのCEOであったハロルド・ジェニーン（当時のジャック・ウェルチのような存在）は，「組織図で描かれる各枠は，各副社長が，自身の領域，自身の部下，自身の義務と責任と考える独立した領地となってしまい，企業全体のことは誰も考えない。『私の仕事はこれで，これがすべてです』というようなことが起ころうとしている」という危険性を書き記している[18]。

　このような問題に対処するために，国際的なエネルギー企業AESの創始者であるデニス・バーキは，組織構成員は80％の時間を本来の業務に使い，残り20％の時間をタスクフォースと特別プロジェクトに使うべきであると主張した[19]。バーキだけではない。3 M，グーグル，GEのマネジャーは，この技法を利用することで，組織構成員に境界を越えさせて，組み合わせ販売の促進のため，サービス提供の改善のため，重複サービスの合理化のための共有解決策_{シェアード・ソリューション}を提言させようとしている。

　メルクのCEOであるリチャード・クラークは，この技法を利用することで，販売，R&D，規制関連業務に携わる6万人の従業員が，新薬の開発とその商業化を加速させるためにより密接に連携するよう促している。彼は，職能が異なる組織構成員から編成されるグループが，重大疾患の分野に焦点を定めるよう，医師，患者，保険会社と対話するよう求めていた。彼は，「これが採るべき不変の方法です。組織構成員に一丸となって取り組んでもらう必要があるのです」と述べている[20]。

　ユニットを超えたチームやタスクフォースを設ける便益は，2つある。まず，組織構成員は，他の地域や他の事業ユニットの組織構成員と交流するとき，日々のルーティンから離れなければならない。彼らは，新たな同僚から聞き学ぶことによって，異なる観点から事業機会を捉えるかもしれない。そうすると，新しいアイデアが出てくるであろう。次に，組織構成員は，ユニットを超えたチームミーティングにおいて，所属ユニットを代表する使者となるだけではない。彼らは，新たな同僚から学んだ別のアイデアやイノベーションを所属ユニットに持ち帰るであろう。

（4）マトリックス型アカウンタビリティを活用する

極端ではあるが，上司の1人が地域の長で，もう1人の上司が製品市場の長であるといったようにマネジャー全員が2人のボスを持つというマトリックスデザインを選ぶこともできる。この場合，全員が相反する優先事項のバランスを取らなければならなくなる。

マトリックスデザインは，それがなければ交流がなかったであろう，ユニットを超えた新たな思考を推し進める。問題と機会に対処するための新たな方法が生まれることもある。ヒューレット・パッカードの前CEOであるカーリー・フィオリーナは，このマトリックスを採用し，役員間のチームワークを高めようとした。彼女は，事業ユニットのマネジャーは，自身の製品ラインのことだけを心配しており，全社最適への関心は十分でないと感じていた[21]。P&Gは，かつて地域ごとに組織編制されていたが，1990年代にマトリックス組織を採用し，新たに組成されたグローバル製品グループに同等の意思決定権を与えた。この方法は，購買・生産・販売の統合を通じたコスト削減，ウォルマートのような大口顧客との関係の発展，グローバルR&Dの強化，市場投入スピードの向上といった便益をもたらした[22]。

▶**4** シンプルに保つ

コストの割り当て，タスクフォース，報告を二重に求める取り決めといった技法によって，システムと構造は複雑になるかもしれない。そのため，これらの技法を利用すると決めたら，余計な官僚制の手続きによって事業に負担をかけないようにすることが重要となる。

ユニットを超えたチームを例に検討してみよう。組織構成員に本来の業務以外の活動に対して相当な注意を払わせることは，諸刃の剣となる。ユニットを超えたチームは，個人に自らの枠を超えた思考を強いることでイノベーションを促進できる一方で，さまざまな課題を持つ多数の組織構成員を集めることに

よってシンプルさと意思決定のスピードが損なわれてしまう可能性がある。

　シスコのCEOであるジョン・チェンバースは，現在，この種の対立的な状況に直面している。チェンバースは，「全員を気が張った状態」にさせて，創造をもたらす緊張感を高めようとする試みの中で，自社のトップ750人の役員に対して，責任を負う本来の業務外の取り組みに30％の時間を費やすよう求める委員会の体制をつくった。50以上の委員会が，新たな事業機会を再検討し，事業を超えた取り組みを承認した。一方で，役員は，顧客と業務から離れた会議に相当の時間を費やさなければならないという複雑性がもたらされた。さらに，顧客に直接関わりのある重要な意思決定の速度が落ちてしまい，より迅速に対応できるヒューレット・パッカードのような競合他社が恩恵を受けたことも度々あったという報告もある[23]。

　委員会と二重の報告は，さまざまな観点を取り入れることによって，イノベーションに駆り立てることができる一方で，意思決定者が複数になることは，障害にもなりうる。P&Gのグローバル製品リーダーは，新製品を素早く投入しようとしても，利益目標に影響する全地域からゴーサインを得るまで待機しなければならなかった。結果として，多くのP&Gの組織構成員は，マトリックス組織には意思決定を遅らせてしまう拒否権を持つ人が多すぎると考えていた。この疑念を証明するように，市場シェアと収益性は落ち始めた。2005年，P&Gはグローバル事業ユニットを支持するマトリックスを廃止し，CEOのダーク・ヤーガーは業績低迷の責を負い辞任した[24]。

　このような難しさから，最終的にマトリックス組織を廃止した企業は多い。ヒューレット・パッカードで，カーリー・フィオリーナからCEOを受け継いだマーク・ハードは，意思決定の速度を上げるために，また，アカウンタビリティの質を高めるために，マトリックス組織を廃止した。

委員会と二重の報告によって　あなたの組織は　複雑になりすぎていないか？

　委員会と二重の報告によって，あなたの組織は複雑になりすぎていないか。マトリックス組織を機能させるためには，特定の設計属性とリー

ダーシップスキルが求められる[25]。

　本章の技法リストを読んで，あなたの企業は，イノベーションに駆り立てるための取り組みを十分にしていると感じたであろうか。あなたの事業において，どの程度の創造をもたらす緊張感が生み出されているであろうか。組織構成員は，緊張状態にあるであろうか。もしくは，少しばかり過剰に自己満足した状態や安心した状態にあるであろうか。

▶**5**　イノベーションに駆り立てる

　居心地のよい領域から組織構成員を押し出すことは簡単ではない。イノベーションに駆り立てるためには，本章で説明した彼らにとって心地が悪い技法を活用することによって，組織の惰性と闘わなければならない。

　一方で，これらの技法がもたらす可能性のある悪影響についても知っておかなければならない。創造をもたらす緊張感は，下手に作られると，不安，恐れ，その場しのぎの誘惑をあおる。本章の技法を利用するときは，あなたが活用しようとしているプレッシャーが確実に生産的で健全なものになるように，3つのことを行う必要がある。

　初めに，事業は，強い中核となる価値観を有していなければならない（第2章を見よう）。組織構成員は，最低限の責任と優先させる対象を知っておかなければならない。

　次に，明確な境界を設定しなければならない（第4章を見よう）。組織構成員は，受け入れてもらえない振る舞い・行動・結果を理解していなければ，厳しい目標の達成に向けて努力できない。

　最後に，事業に携わるすべての組織構成員が，互いが成功するよう助け合いにコミットする環境を創造しなければならない。組織構成員がそれぞれに枠外のことを考え，イノベーションを起こすよう求めるのであれば，確実に全員がすすんで協働するようにしなければならない。

　次章では，このような環境の創造について議論する。

>>>注

1）Penny Singer, "New Luxury Tax Trimming Boat Sales," *New York Times*, July 21, 1991.

2）Greg Pierce, "Inside Politics: A Hard-Earned Lesson," *Washington Times*, January 7, 2003.

3）Robert Simons, "J Boats," Case 9-197-015（Boston: Harvard Business School, 1998）. All quotations in this section are from this case.

4）Andrew Grove, *Only the Paranoid Survive*（New York: Broadway, 1999）, 118.（佐々木かをり訳『パラノイアだけが生き残る―時代の転換点をきみはどう見極め、乗り切るのか』日経BP社、2017）

5）James C. Collins and Jerry I. Porras, "Building Your Company's Vision," *Harvard Business Review*, September-October, 1996, 65-77.

6）Alex Taylor, "GM and Me," *Fortune*, December 8, 2008, 92-100.

7）Hirotaka Takeuchi, Emi Osono, and Norihiko Shimizu, "The Contradictions That Drive Toyota's Success," *Harvard Business Review*, June 2008, 96-104.

8）Paul Carroll and Chunka Mui, *Billion-Dollar Lessons*（New York: Portfolio/Penguin, 2008）.（谷川漣訳『7つの危険な兆候―企業はこうして壊れていく』海と月社、2011）

9）Martin Facker, "Translating the Toyota Way," *New York Times*, February 15, 2007.

10）Betsy Morris, "The New Rules," *Fortune*, July 24, 2006, 74.

11）Brian Cruver, *Anatomy of Greed*（New York: Avalon, 2002）, 79.

12）Eugenia Levenson, "Citizen Nike," *Fortune*, November, 24, 2008, 168.

13）Robert Simons, "ABB: The Abacus System," Case 9-192-140（Boston: Harvard Business School, 1992）.

14）Robert Simons and Kathryn Rosenberg, "American Cancer Society: Access to Care," Case 9-109-015（Boston: Harvard Business School, 2009）.

15）Robert Simons and Antonio Davila, "Siebel Systems: Organizing for the Customer," Case 9-103-014（Boston: Harvard Business School, 2002）.

16）Howard Stevenson and J. Jarillo, "A Paradigm of Entrepreneurship: Entrepreneurial Management," *Strategic Management Journal* 11, Special Issue: Corporate Entrepreneurship（Summer 1990）: 23.

17）Shawn Tully, "Jamie Dimon's SWAT Team," *Fortune*, September 15, 2008, 64-78.

18）Harold Geneen, *Managing*（New York: Avon, 1984）, 86.（田中融二訳『プロフェッショナルマネジャー―58四半期連続増益の男』プレジデント社、2004）

19）Dennis W. Bakke, *Joy at Work*（Seattle, WA: PVG Publishers, 2005）, 195.

20）Arlene Weintraub, "Is Merck's Medicine Working?" *Business Week*, July 30, 2007, 66-70.

21）Damon Darlin, "Fiorina Had a Vision for H.P., and Some Credit for Its Turnaround," *New York Times*, October, 6, 2006.

22）Mikolaj Piskorski and Alessandro Spadini, "Procter & Gamble: Organization 2005,"

Case 9-707-515 (Boston: Harvard Business School, 2007).

23) Ben Worthen, "Seeking Growth, Cisco Reroutes Decisions," *Wall Street Journal*, August 6, 2009.

24) Piskorski and Spadini, "Procter & Gamble: Organization 2005."

25) If you're interested in how to design a matrix properly, see Chapter 8 in Robert Simons, *Levers of Organization Design* (Boston: Harvard Business School Press, 2005). (谷武幸・窪田祐一・松尾貴巳・近藤隆史訳『戦略実現の組織デザイン』中央経済社, 2008)

＞訳者注

ⅰ）スカンクワークとは，組織構成員が本来業務以外で行う自主的な活動を意味する。

第 6 章

どれだけ従業員を助け合いに
コミットさせるのか？

How Committed Are Your Employees
to Helping Each Other?

　寒くて，澄み渡った12月の朝だった。サウスウエスト航空のWN９が，ヒューストン・ホビー空港に着陸した。ブリタン機長は，地上勤務員が降ろさなければならない郵便物と貨物が大量にあるという警告を事前に伝えていた。

　ゲート担当員が定位置についたとき，ブリタン機長は，思い切りよくブレーキを踏み，スポイラーを開き，エンジンを逆噴射していた。ゲートまでの道のりでは，最初に利用可能となる駐機場に向かって急旋回するために，航空機の速度を可能な限り早く落とすことが重要であった。

　航空機がゲートで停止し，車輪が固定されたことが確かめられると，すべてが迅速に進んだ。ドアロックが解除され，ジェットブリッジが設置され，荷物担当員は，待機させてあった台車に荷物を降ろした。乗客が航空機から降り始めた。清掃担当員が航空機に入る前に，客室乗務員は通路を足早に進み，シートを整えていた。

　ブリタン機長は，前方の貨物室に入った。彼が郵便物と貨物を降ろすのを手伝っていたのは，次便の乗客が搭乗し始めていたときであった。ゲート担当員が自分たちに何か手伝えることがないか尋ねていたのは，次便の乗務員が離陸

のためのチェックリストを確認していたときであった。

　到着後わずか15分ですべての搭乗・搭載を終えた航空機は，ゲートから離れた。機長が離陸のために機体を誘導路から滑走路に移動させていたとき，客室乗務員は安全のためのデモンストレーションを始めていた[1]。

　町の向こう側，光り輝くヒューストンのオフィスタワーの50階で働くエンロンのエネルギートレーダーたちは，忙しく仕事をしていた。エンロンが新規に募集した5つのトレーディング職をめぐる競争は激しかった。新たにトレーダーになると，航空会社の経験豊かなパイロットと同レベルの報酬，さらには巨額のボーナスを得られる可能性があった。

　個人のボーナスは，事業ユニットの収益性と，部門の中で順位付けられる個人の貢献によって決められていた。従業員は，より収益性が高い部門に移るための画策に，多くの時間を費やしていた。ボーナスの時期が過ぎるといつも，駐車場は光沢あるポルシェ・BMWの新車でいっぱいになっていた。

　エンロンの文化は，報酬重視で利己的であった。ある従業員は，「ボーナスがたったの50万ドルであったため，狂ってしまったトレーダーがいたことを覚えています」と言う。「彼は，悪態をつき，悲鳴をあげ，机上のものを投げていました。彼は，自分は才気にあふれているため，もっとボーナスが支払われるべきだと考えていたのでしょう」[2]。

　組織構成員は，エンロンの稼ぎに貢献している限り，放任されていた。一方で，トレーダー間の妨害行為が蔓延していた。トイレで席を立つ際は，コンピューターのスクリーンをロックしなければならない。そうしなければ，誰かが，トイレに行った組織構成員の成績が悪くなるように，取引を横取りするかもしれないし，取引のポジションを変えるかもしれないのである[3]。ある従業員は，「互いに助け合うことは，ありえませんでした。全員が自分のためにエンロンに所属していました。同僚は，あなたを傷つける存在なのです」と述べていた。エンロンの従業員であったダイアナ・ピーターズは，その空気について，「若い人，頭が良い人を招き入れて，使い倒して，辞めさせるのです」と表現していた[4]。

　サウスウエスト航空とエンロンの事業が採る方法は，多くの面で異なっている。その中で，産業の性質によって決まるわけではない相違が一つある。それは，リーダーシップによって決まる。サウスウエスト航空においては，トップからボトムまでの全員が，互いが成功するための助け合いにコミットしていた。一方，エンロンは対極にあり，利己心が優勢であった。

　この選択は，事業の性質がいかなるものであれ，あなたがしなければならない。あなたは，事業が必要とするコミットメントのタイプを決めなければならない。それから，コミットメントが果たされるように，リーダーシップスキルを発揮しなければならない。これが，戦略実行のための必須課題の6つめとなる「コミットメントを引き出す」である。これが正しく行われれば，強い力を解き放つことになる。逆に，間違えて行われれば，戦略全体が崩れ落ちうる。

　あなたの事業は，これら両極のどちらにいくのであろうか。「どれだけ従業員を助け合いにコミットさせるのか？」という問いは，あなたがこの必須課題に取り組むことを求めている。

　戦略を支えるために必要となるコミットメントのタイプを選択できるのは，あなただけである。ある

> **どれだけ従業員を
> 助け合いにコミットさせるのか？**

事業においては，役員が，利己心を最優先の哲学とし，それに従って見合った報酬を与える。これが適切な行動となる場合もある。例えば，小規模の投資銀行を営んでいるとしたら，個人がどれだけ収益へ貢献したかという基準のみで，スター社員に数百万ドルのボーナスを支払うという選択を採るかもしれない。協働は，「自分の食い扶持は自分で稼ぐ」企業においては，重要とはならない。

　より一般的には，組織構成員を特定の任務に集中させたいとき，または裁定取引の機会を探すよう動機付けたいとき，利己心を基盤に報酬を与えるアプローチは適切である。債券やエネルギー先物のトレーディングデスクの上では，もしくは，テレマーケティングのコールセンターのブースの中では，全員がお金を稼ぐための個人的な追求を行っている。

　しかし，このアプローチを利用する際には注意を要する。組織編制のコンセ

プトとして利己心を選ぶとき，中核となる価値観と戦略上の境界が，不正行為から事業を予防するために十分に強固なものとなっているかを確かめるべきである。第2のエンロンにはなりたくないであろう。第2章で議論したように，中核となる価値観は，最低でも，害を与えないレベルの責任を規定すべきである。それに加え，戦略上の境界は，解雇の対象となる行為の種類を規定すべきである。

　多くの組織は，利己心を基盤にして築かれていない。2つの事例だけにはなるが，顧客との関係性が重要となる事業を営むとき，もしくは，複雑な製品技術を保有しているとき，共有目標を達成するために全員に協力してもらう必要がある。業界を先導するサウスウエストの10分でのゲートチェンジは，互いが職務を全うするよう助け合うという強力なコミットメントを機長から荷物担当員までの全員から引き出すことなしには成しえないであろう。

　互いが成功するように助け合うコミットメントを高いレベルで引き出すためには，対立軸間のバランスをとらなければならない。厳しい目標や個人と集団の順位付けといった前章で描かれた技法は，組織構成員が，勝利を引き寄せる競技者のように考えて行動するよう動機付けるために設計される。しかし，これらの技法は，等式の片方しか表現していない。組織構成員が，求められたときに，すすんで他者を助ける環境も創造しなければならない。組織構成員には，個々のベストを達成するために，自身とも他者とも競争してもらう必要があるだけでなく，共有目標を持つチームのメンバーとして団結して競争してもらう必要もある。

　このような協働に対するコミットメントを引き出すためには，リーダーシップと人間性の理解が求められる。製鉄会社ニューコアの高名なCEOであるケン・アイバーソンは，かつて，「すべてのマネジャーは，心理学者のようになるべきです。われわれは，組織構成員を動かすもの，組織構成員が欲しいもの，必要としているものを理解しなければなりません。組織構成員が欲しいもの，必要としているもののほとんどは，潜在意識の中にあります」と述べていた[5]。

　動機付けに注意を払うことに失敗すると，求めていることはBなのにAに報

酬を与えるといった事態に陥る[6]。あなたは，組織構成員がすすんで互いに助け合うことを期待しているのに，あなたの報酬システムは，互いに助け合うことをほとんど評価していないかもしれない。

▶**1** 動機付けの理論

　自身または他者に対する高いレベルのコミットメントを引き出す最初のステップは，あなたが依拠する動機付けの理論を明確にすることである。

　筆者は，マギル大学の学部生のとき，マサチューセッツ工科大学のダグラス・マクレガー教授が1960年に書いた『企業の人間的側面（*The Human Side of Enterprise*）』に強く影響を受けていた[7]。マクレガーは，動機付けについてX理論とY理論という2つの理論を対比していた。X理論は，トップダウンの方向でコントロールするマネジメントのアプローチを描いている。X理論は，組織構成員は仕事が嫌いで可能であればしたくないと想定している。X理論によると，組織目標を達成するよう組織構成員を動機付けるためには，外在的報酬と処罰への恐れが必要となる。対照的にY理論では，仕事は満足の源泉になりうるという仮説を立てる。Y理論によると，個人的達成や自尊心の感取といった内在的報酬によって，組織目標に対するコミットメントを創造できる。

　利己心を基盤に組織を築きたいのであれば，X理論が従うべきアプローチとなる。金銭を結果と紐づけると，約束された報酬を得るために組織構成員は反応する。これは，予測可能な報酬を得るための行動をネズミが学習することを発見した，心理学者B. F. スキナーが1930年代に行った刺激反応実験の応用である。個人業績の算定式で計算される歩合とボーナスを支払い，達成できなかった者からは報酬を差し引こう。エンロンの会長であったケン・レイは，「各事業ユニットで個人ごとに決められる報酬は，われわれの企業文化において重要で，その支払いに大金を費やしています」と述べていた[8]。

　お金は常に重要である。一方であなたは，人間性についてより複雑な視点を持っているかもしれない。また，他の要素もお金と同じぐらい重要であると信

じているかもしれない。メアリー・ケイ・コスメティックスの役員は，Y理論に従っており，STORMという頭文字で示される5つの項目によって，自立した主婦と事務職員から成るビューティーコンサルタント200万人を動機付けていると確信している。

S：任務がうまくいく満足（自尊心）

T：チームワーク（帰属意識）

O：機会（成功のための）

R：承認

M：お金

メアリー・ケイの役員は，STORMで示される動機付け要因の5つすべてを支える手段を確実に提供することに力を入れており，定期的な訓練と販売促進支援（成功のための機会），イベントと総会（自尊心），販売部隊の活動と毎週の会議（チームワーク），称賛と報奨（承認），財務的インセンティブ（お金）を提供している。

お金はリストに載っているが，お金だけが載っているのではない。設立者のメアリー・ケイ・アッシュは，「5ドルのリボンに20ドルの承認の価値を足したものは，25ドルの報奨よりも価値があるのです」と，動機付けに関する彼女独自の理論を説明している[9]。

どのような動機付けの理論をあなたは採用するのか？

どのような動機付けの理論をあなたは採用するのか。あなたは，何が，組織構成員を懸命に働かせ，事業の目標に貢献するように動機付けると信じているのか。すべての役員は理論を持っているが，それを議論すること，明確にすることは，ほとんどない。あなたの動機付けの理論が自らの心の中で明白になると，次は，理論を適用して職務をどれだけうまく果たせているかを評価するステップとなる。

▶2 成功に対する共有責任を創る

　あなたの動機付けの理論と戦略がお金と利己心を基盤としているのなら，あなたの任務は相対的に簡単なものとなる。一方で，あなたの戦略が，組織構成員が互いに助け合うことを求めている場合はどうであろうか。あなたは，組織構成員が協働するよう動機付けるためにお金を利用できるであろうか。

　この点について，シスコのCEOであるジョン・チェンバースが説明している。「私は，組織構成員にこれまで付き合いのなかった他の組織構成員と共に働かせましたし，さまざまな方法を利用して，能力一杯に働かせました。われわれは，個人業績と対照的な協働能力に基づいて報酬を与えました。はじめの2年は，トップリーダーのうち2人のボーナスがゼロとなりました。当然ながら，彼らは，すぐに協働する方法を学びました」10)。

　このアプローチは，時間の経過に伴い，持続させることが難しくなる。組織構成員は，報酬と処罰にしばらくは反応するであろう。しかし，このアプローチはコミットメントを創造しない。純粋な刺激―反応の関係なのである。定期的な監視（モニタリング）と，報酬が抑えられる恐れがなければ，組織構成員はすぐに古い慣習に戻ってしまうであろう。

　他者を助けるというコミットメントを組織にしっかりと溶け込ませたいのであれば，異なるアプローチを採らなければならない。軍隊のリーダーは，このアプローチをよく理解している。彼らは，しかるべき理由があって，ケン・アイバーソンが言及していた心理学の原則に基づく実践にかなり力を入れている。アメリカ海兵隊の例で検討しよう。海兵は，戦闘中に死のリスクを取ることを求められるかもしれないが，そのとき，彼の周りにいる誰かが苦境下にあっても助けに来てくれると海兵全員が確信していることが，何にも増して重要である。俗にいうように，兵士は，母国のために命を捧げるのではなく，戦場で彼らの傍にいる友を助けるために命を捧げるのである。軍隊のリーダーは，組織で高いレベルのコミットメントを引き出したいとき，4つの属性，すなわち，

目的への誇り，集団への帰属意識，信頼，公正が欠かせないことを理解している。

　事業のリーダーも同様のアプローチを採用することができる。サウスウエスト航空と製鉄会社のニューコアの企業事例を使って，これらの原則の実践を示そう。サウスウエストは，今日，最も成功しているアメリカの航空会社としてよく知られている。テキサスのスタートアップから始まり，36年間ずっと黒字で，最も評価が高い国内キャリアにまで上り詰めた。また，乗客数が最も多く，市場価値はアメリカの他の６大キャリアの合計を凌いでいることを誇りにしている。

　ニューコアは，サウスウエストと同様に，かつて業界に革命を起こし，今では業界トップとなったミニミル[i]である。ラストベルトの製鉄会社をベストプラクティスの例とするのを疑わしく思うかもしれない。しかし，そう判断する前に，2006年のビジネスウィークの記事を見よう。

　　ニューコアは，活発で，参画的な労働力を育ててきた。労働組合に属さないニューコアの従業員11,300人で，自分が上からの指令を待つ働きバチであると思っている者はいない。ニューコアの水平的な階層組織と，前線で働く従業員への権限委譲は，従業員がオーナー経営者の思考を取り入れるよう導いている。過去５年間のニューコアの株主利回りは387％と算出されており，これは，ニューエコノミーのアイコンであるアマゾン・ドット・コムや，スターバックス，イーベイを含む，S&P 500構成企業の大半に勝っている。さらにこの企業の収益性は，成長するにつれて向上している。2000年に7％であった利益率は，昨年10％に達した[11]。

　これらの組織のリーダーたちは，互いが成功するように助け合うコミットメントを常に高いレベルで引き出すために，何をしてきたのか検討しよう。次のリストを読み，あなたが事業の中でこれらの技法を適用する（もしくは適用すべき）程度を自身に尋ねてみよう。

（1）目的への誇り

　組織構成員は，所属組織のミッションに誇りを持っており，それが幅広い目的を表しているとき，その成功に対する共有責任を引き受けたいと思うであろう。また，そのために他者が職務をうまくこなせるよう助けたいと思うであろう。

　海兵隊は，エリート戦闘部隊の例に漏れず，目的への誇りを創造する手段として，ミッションと歴史を重要視している。海兵全員が，名高い歴史の中で宣言された決意である「センパーフィデーリス（Semper Fidelis）」（常に忠誠を）と「殴り込み部隊（First to Fight）」という標語に誇りを持っている。

　このような目的への誇りは，事業においても活用できる。サウスウエスト航空の従業員は，ダビデとゴリアテのように主要航空会社を打倒して成り上がった企業の起源に対する誇りを明らかに持っている。彼らの標語は，「私たちは，空を飛ぶ自由をアメリカに与えている」である。同じように，ミニミルのニューコアは，無名から頭角を現して大手を追い越し，ベスレヘム・スチールのような競合他社を統合した。ニューコアのアイバーソンは，成功企業の一社となったことから生まれた誇りについて，「私たちは，より高位の理想を共有しています」と語っている。

　多くの企業は，彼らの誇りを伝えるために，シンプルな標語を使っている。メルクの「患者ファースト」，アマゾンの「地球上で最も顧客中心の事業を創る」は，従業員に誇りを持ってもらうことを企図している。アメリカがん協会の「がんを排除する，命を救う，苦難を減らす」というミッションも同様である。アメリカがん協会の役員の一人は，「私たちは自分たちが重要であることを証明できます。それが究極の動機付けとなっています」と述べている[12]。

（2）集団への帰属意識

　エリート組織に所属しているという勲章は，集団内の他者を助けるという責任を伴っている。全海兵は，最初に，「いかなる状況においても仲間を助ける」

と部隊に対して忠誠を示し，その後に，軍隊，神，国への忠誠が続く。海兵は，エリート組織のメンバーの一員であり，この事実を絶えず思い起こさせられている。海兵隊のスローガンは，「誇り高き少数精鋭（The Few. The Proud）」である。

アメリカ陸軍のエリート特殊部隊（Army Rangers）も同じように「仲間の期待に背くな（Never shall I fail my comrades）」と宣言している。このような集団に所属したいという願望は，強力な動機付けの要因になりうる。そして，チームや部隊を助けたいという願望は，強力で妥協されることがない。

特別性の原理は，事業においても適用することができる。サウスウエスト航空が採用するのは，毎年10万人いる応募者のうち2％以下である。ある評論家は，サウスウエスト航空に採用されることは，ハーバード大学への入学が認められるよりも難しいと主張している[13]。サウスウエストの従業員は，エリート集団に所属するために通過しなければならない難しい選考プロセスに誇りを持っている。

サウスウエストの役員は，採用決定プロセスへの定期的な参加を従業員に求めることによって，企業への高レベルな帰属意識を強化させている。多様な部門から集められた従業員は，応募者にインタビューを行い，適切ではないと感じたら拒否権を行使できるのである。

ニューコアの従業員も，自身が特別な集団の一員であると考えている。ニューコアが，サウスカロライナの工場での求職広告を地方紙に掲載すると，工場に続く道路一帯が行列となった。ある工場マネジャーは，工場に辿り着けなかったので，警察に交通渋滞の緩和要請の電話をしたが，人手不足だと言われた。警官のうち3人が，ニューコアに職を求める人の列に並んでいたからである[14]。

（3）信　頼

誰かを信頼するとき，個人情報や秘密情報を共有したり，その誰かを支援するために自身の評判を使ったりと，すすんで自身を危険にさらす。また，自身

の行動が後に自身を悩ますことはないという確信を持っている。裏を返せば，信頼できない人をすすんで助けることはまずないであろう。

　海兵にとっての究極の信頼とは，危険に立ち向かうとき，後方から守ってくれる誰かがいるとわかっていることである。仲間の海兵が，必要であれば命がけで守ってくれるという十分な確信があるから，自身を危険にさらすことができる。

　事業においては，海兵隊と同等のことを従業員に求めることはできない。しかし，同様の原理を適用することはできる。役員は，日々の行動を通じて，従業員からの信頼を獲得することができる。ニューコアの役員は，従業員に，効率性を向上させるためのイノベーションを提案するよう促している。多くの企業は，効率性改善の成果を，製造目標を再設定するために，それから同一賃金で製造量を増やすよう作業員に要求するために利用するであろう。対照的に，ニューコアは，従業員から提案された効率性改善の成果を，製品当たり賃金を低くするためには利用しない。その代わりに，イノベーションによって得られた削減金額を上限なしに従業員と共有する。この方針は，作業員の間に，彼らと役員が同じ共有目標に向かって協働しているのは事実だという信頼を時間と共に築いていく。その結果，労働組合のオルグは，ニューコアの施設外で作業員の勧誘を試みるとき，冷ややかな扱いを受けるのである。

（4）公　正

　協働のための最後の要求事項は，公正である。事業内の同僚を助けるために尽力した結果，すべての報酬が同僚に与えられ，あなたには何も与えられなかったとしたら，もう一度その同僚をすすんで助けようと思うであろうか。答えは否であろう。

　給与の方針によって生まれる格差は，最も明白な公正に関する課題である。給与の支払日に明らかな勝者と敗者がいたとしたら，組織構成員は協働しないであろう。そのため，海兵の給与水準はフラットである。全員が仲間の稼ぎを知っていて，それは同額である。

給与は簡単に固定できる。より気を付けなければならないのは，「トップ」にいる人々は階層が下位の組織構成員よりも報われるべきであるということを示す特権である。

　ニューコアのアイバーソンは，危険事項について言及している。「浮世離れした豪華なオフィス。役員用の駐車スペース。雇用契約。コーポレートジェット。リムジン。ファーストクラスでの出張。豪勢なリゾートでの会議。社用車。役員用の食堂。企業で階層のトップにいる人々は，自身に特権を次々と与え，その特権を「実際に」仕事をしている人々に見せびらかします。それから，コスト削減と収益性向上という経営陣の訴えに，なぜ従業員は応えないのであろうかと嘆くのです」15)。

　サウスウエストのトップ役員は，この種の危険を回避するため，ダラスの空港に隣接する小さなオフィスで働いている。このオフィスについて，ある業界評論家は守衛室よりは少しだけ素敵と述べていた16)。同様の理由から，IBMの伝説的なCEOで，在位30年の間にIBMを偉大な企業にしたトム・ワトソン・シニアは，マネジャーと役員全員の肩書と地位をオフィスのドアならびにデスクから取り除かせ，役員用の駐車スペースを廃止した。

　あなたは，従業員から助け合いのコミットメントを引き出す職務をうまく果たせているか。リーダーとして着目しなければならないことはたくさんある。協働する仕事に関する目的への誇りを伝えなければならないし，従業員に特別な集団に所属しているという帰属感を与えなければならないし，従業員から信頼されなければならないし，報酬を共有するときは，公正の規範を創らなければならない。海兵隊で食事を最後にとるのは，将校なのである。

**どのように
成功に対する共有責任を
創るのか？**

　あなたは，これらの原理のうち，どの原理を適用するのか。どのように成功に対する共有責任を創るのか。何が，事業の中で他者を助けるという高いレベルのコミットメントの障害となるのか。

▶**3**　報酬とコミットメント

　利己心を刺激するために報酬を利用する方法は，わかりやすい。結果に相応する給与を支払えば良い。一方で，報酬と他者を助けるコミットメントの間の相互作用は，より複雑である。チーム業績に対する報酬と，最も稼ぐ者とそれ以外の者との格差，という２点の課題を検討せねばならない。

（１）チーム業績に対して報酬を与える

　チーム業績に対して報酬を与えることは，他者を助けるよう組織構成員に動機付けるためのシンプルで効果的な方法であろう。サウスウエストは，機長と乗組員に時間ではなく旅程に基づいて給与を支払っており，全員がゲートで早く飛行機をUターンさせるために協働するよう促している[17]。全員がチームとして勝利することを理解しているのである。

　ニューコアの従業員は，日々のチーム生産量に基づいてボーナスを受け取っている。工場で働く従業員の給料は業界平均を下回る額に設定されているが，ボーナスの上限はなく，しばしば基準額の３倍にもなる。生産量は日々掲示され，経過観察されている。

　アイバーソンは，「作業集団は，より多く生産すれば，より多く稼げるという確信があるため，基準値を超える目標値を設定し，それを達成するために尽力しています。彼らの事業への関与はシンプルです。われわれの従業員は，最も成功している企業家のように仕事に対して熱意があり，エネルギッシュで，極めて真摯です」と説明している[18]。

　達成に対するプレッシャー，仕事を適切に行うプレッシャーは強いが，それは，経営陣からではなく，集団から生じている。実際にニューコアでは，観察者がチームの管理者が誰かを当てることは不可能である。チームの管理者は，作業員と同額のボーナスを受け取り，全員がチーム目標を達成するよう，また上回るよう作業員と共に働いている。

階層の上を見てみると，マネジャーも役員も同じ報酬原理であり，景気が良い時には利益を，悪い時には損失を共有する。給料の基準額は，全階層で業界平均よりも低く，ボーナスの潜在額は業界平均より高い。部門マネジャーは，部門の資産利益率に基づいたボーナスを受け取り，役員は，株主資本利益率に基づいたボーナスを受け取る。

　ベスティングやストックオプションを使った持ち株制度も，共有目標に焦点を当てるよう動機付けるために有効であろう。サウスウエスト航空は，全階層の従業員に対して，いつでも好きな時に売ることができるストックオプションを付与している。前CEOのジム・パーカーは，「もし売ることができないのなら，所有したいとあまり思わないでしょう」と述べていた[19]。

　自由に販売できるという哲学は，AIGやシティグループといった企業が行った実践に相反する。AIGのハンク・グリーンバーグは，成績トップの従業員に惜しみなく株式を付与したが，それを保有し続けるよう求めた[20]。同じように，サンディ・ワイルは，シティグループのマネジャーに株式を報酬として与えたが，その販売は禁止した。ワイルからCEOを引き継いだチャック・プリンスは，前任者の報酬哲学について，「帆はマストに釘で打ち付けられています。もし船が沈没するなら，自分も一緒に沈むのです」と説明している[21]。

（2）最も稼ぐ者とそれ以外の者との格差

　給与の不公平を理由とした憤りほど，他者を助けたいという願望を早くつぶすものはない。事業に携わる組織構成員は，他者を犠牲にして不公平に給与が支払われていると感じると必ず憤る。組織構成員は，憤りがあるとき，すすんで協働したいとは思わないであろう（本章の最初で描いたエンロンのトレーダーの好意的でない姿を思い出そう）。

　ダイムラー・クライスラーの合併は，給与に関する実践によって引き起こされた憤りを主因として失敗した。この合併によって，2社のマネジャーの知識が共有され，生産プラットフォームを超えたシナジーが築かれることが期待されていた。ところが，合併1年前の1997年にクライスラーのCEOであったボ

ブ・イートンの稼ぎが1,600万ドルであった一方で，ダイムラー・ベンツの
CEOであったユルゲン・シュレンプの稼ぎは200万ドルであった。傷口に塩を
塗るように，イートンは合併をもたらした報酬として7,000万ドルを追加で得
たのに対し，シュレンプは何も得なかった[22]。同様の格差は，全階層のアメ
リカのマネジャーとドイツのマネジャーの間でみられた。報酬の不公平からも
たらされた憤りは，協働についてのあらゆる関心をつぶしたのである。

　このような水平方向の給与の不公平，すなわち，同じような職務を担ってい
る組織構成員間での給与の不公平は，協働の芽を摘む。業績トップの組織構成
員たちが報酬の大部分を得る「勝者総取り」のアプローチは，利己心を基盤に
組織を築いているのであればよく，一定の状況においては適切である。われわ
れは，ロジャー・フェデラーに下位シードの選手との試合の価値を高めるため
に御膳立てをすることを期待していない。一方で，このアプローチは，成功に
対する共有責任を創ろうとするあらゆる試みを必ず壊してしまう。

　垂直方向の給与の不公平も，公正を脅かす。あなたが高給取りの役員だとし
たら，自身の報酬がその問題の一部である可能性は非常に高い。1990年代に，
企業の利益は114％上昇した一方で，CEOの平均給与の上昇は570％，作業員
の平均給与の上昇は37％であった[23]。2008年のCEOの平均給与は，現場で働
く作業員の340倍となった。これは，1981年の25倍より高まっている[24]。あな
たの組織において，CEOならびに経営陣と，その他の組織構成員が受け取る
報酬の不釣り合いが激しいとき，あなたは何を示したいのであろうか。

　組織構成員に助け合うようコミットすることを求めるのであれば，公正に報
酬を共有しなければならない。サウスウエストの役員は，他の従業員が受け
取った額相応の給与増加を受け入れるというルールを設けており，景気が悪い
ときには，皆と同じように給与削減を受け入れている[25]。この方針によって，
サウスウエストの役員報酬当たりの収益は，アメリカの他の大手航空会社の10
倍となっている[26]。

　あなたの給与，ならびに階層が下位の従業員とあなたの関係は，困難なとき
にこそ精査されるであろう。ニューコアのCEOは，業界が不況にあった中，

フォーチュン500のCEOの中で給与が最も低いことを自慢していた。ニューコアの部門長が40％の給与カット，役員が50％〜60％の給与カットであった中，アイバーソンは自身の給与を75％カットした。アイバーソンは，「私たちは，痛みを『共有している』だけではありません。トップにいる組織構成員に大きな分け前を与えたのです」と述べている[27]。

　成功を共有するビジョンを組織構成員に受け入れてもらいたいのであれば，公正と公平を利己心よりも高く評価するリーダーとみなされなければならない。そのために，サム・パルミサーノは，IBMのCEOを引き継いだとき，自身のボーナスの半分を新たなチームベース戦略のリーダーとなる他の役員たちに再配分するよう取締役会に求めた。パルミサーノは，国が不景気にいまだあえいでいた2009年の春に，IBMの従業員25万人の昇給を発表した。そして，彼は，「役員の昇給はありません。しかし，それでいいのです。私たちは十分頂いていますから！」と付け加えた[28]。

> どのような影響を
> あなたの報酬策は
> 他者を助けるコミットメントに与えるのか？

給与の不公平によって，他者を助けようとする組織構成員の自発性を阻害する慣りが創造されていないであろうか。

▶4 コミットメントを引き出す

　本章の問いは，受け入れることが難しいかもしれない。この問いは，あなたに多くのことを求めている。人間心理を理解しなければならないし，あなたの動機付けの理論を明確にしなければならないし，海兵隊の司令官のようなリーダーシップスキルを発揮しなければならない。

　しかし，戦略実行のための必須課題の6つめである「コミットメントを引き出す」を叶えたいのであれば，中途半端であってはならないのである。本章の

問いに自分が満足できるよう答えられたら，ミッションに焦点が当たった，弾力的な組織を創造する途上にいる。

　これで，最後の必須課題ならびに最終章のトピックである「変化に適応する」に向かう準備が整った。

>>>注

1 ）Kevin and Jackie Freiberg, *Nuts: Southwest Airlines' Crazy Recipe for Business and Personal Success* (New York: Broadway Books, 1998)（小幡照雄訳『破天荒！―サウスウエスト航空―驚愕の経営』日経BP社，1997），290; James Parker, "The Ten-Minute Turnaround," in *Do the Right Thing* (Upper Saddle River, NJ: Wharton School Publishing, 2008), 39-46.

2 ）Greg Hasell, "The Fall of Enron: The Culture," *Houston Chronicle*, December 9, 2001.

3 ）Loren Fox, Enron: *The Rise and Fall* (Hoboken, NJ: Wiley, 2003), chapter 5.

4 ）Hasell, "The Fall of Enron"; Fox, *Enron*, 86.

5 ）Ken Iverson, *Plain Talk* (New York: Wiley, 1998), 83.

6 ）Steven Kerr, "On the Folly of Hoping for A While Rewarding B," *Academy of Management Journal* 18, no. 4 (1975) : 769-783.

7 ）Douglas McGregor, *The Human Side of Enterprise* (New York: McGraw-Hill, 1960).（高橋達男訳『新版　企業の人間的側面―統合と自己統制による経営』産業能率大学出版部，1970）

8 ）Fox, Enron, 79.

9 ）Robert Simons and Hilary Weston, "Mary Kay Cosmetics: Sales Force Incentives," Case 9-190-103 (Boston: Harvard Business School, 1999).

10）Thomas A. Stewart and Bronwyn Fryer, "Cisco Sees the Future," *Harvard Business Review*, November 2008, 72-79.

11）Nanette Byrnes, "The Art of Motivation," *Business Week*, May 1, 2006, 56.

12）Robert Simons and Kathryn Rosenberg, "American Cancer Society: Access to Care," Case 9-109-015 (Boston: Harvard Business School, 2009).

13）James Parker, *Do the Right Thing* (Upper Saddle River, NJ: Wharton School Publishing, 2008), 109.

14）Iverson, Plain Talk, 102.

15）Ibid., 55.

16）Jeff Bailey, "Southwest. Way Southwest," *New York Times*, February 13, 2008.

17）Parker, *Do the Right Thing*, 52.

18）Iverson, *Plain Talk*, 107.

19）Parker, *Do the Right Thing*, 111, 160.

20）Carol Loomis, "AIG: The Company That Came to Dinner," *Fortune*, January 19, 2009, 70-78.

21）Roger Lowenstein, "Alone at the Top," *New York Times Magazine*, August 27, 2000, 32.

22）Timothy Schellhardt, "A Marriage of Unequals," *Wall Street Journal*, April 8, 1999.

23）J. S. Lublin, "Executive Pay (A Special Report). Net Envy," *Wall Street Journal*, April 6, 2000.

24）Sarah Anderson, John Cavanagh, Chuck Collins, and Sam Pizzigati, "Executive Excess 2008: How Average Taxpayers Subsidize Runaway Pay. 15th Annual CEO Compensation Survey," (Washington, DC: Institute for Policy Studies, 2008). Also, Jerry Useem, "The Winner-Steal-All Society," *The American Prospect Magazine*, October 21, 2002, 13-14.

25）"What Makes Southwest Airlines Fly," Knowledge@Wharton, April 23, 2003.

26）Joe Brancatelli, "Southwest Airlines's Seven Secrets for Success," Portfolio.com, July 8, 2008.

27）Iverson, *Plain Talk*, 15.

28）Jeffery O'Brein, "IBM's Grand Plan to Save the Planet," *Fortune*, May 4, 2009, 84-91.

＞訳者注

ⅰ）ミニミルとは，鉄スクラップを主原料に電気炉で鉄を生産する工場・製鉄会社を意味する。大規模な高炉ではなく，規模が小さい電気炉を使うことで，高効率な生産が可能となる。

第7章

どのような戦略上の不確実性が
眠れなくさせるのか？

What Strategic Uncertainties
Keep You Awake at Night?

　人生において3つのことだけは必ず起こる。それは，①死，②納税，そして③今日の戦略は明日には機能しなくなるという事実である。将来のいつか，あなたの製品は時代遅れになるであろうし，あなたの顧客の嗜好は変わるであろうし，技術はあなたの事業モデルから競争力を奪うであろう。今日の成功は，明日には古いニュースになる。問題は，競争力が奪われるかどうかではなく，いつ奪われるかである。

　ダウ平均の構成銘柄の変遷は，事業繁栄のはかなさを思い起こさせる。25年前の構成銘柄に目を向けると，現在でもその立場にある企業は半数以下であることに気付くであろう。ベスレヘム・スチール，イーストマン・コダック，シアーズ・ローバック，ウールワースといった企業は除外されてしまった。

　変化に適応できる能力があると思われる企業は少ない。多くの企業は，忘却の淵に追い詰められるまで，過去に成功した方法にしがみつく。あなたの事業はどうであろうか。競争力を維持するために，変化を先読み，自己変革できているであろうか。もしくは，あなたの企業は，あらゆる成功事業の歴史の中で，取るに足りないものとなるであろうか。

最終章では，数十年にわたって変化に適応し，繁栄し続けてきた企業の技法を考察する。J&Jは，このような企業の1つである。第2章では，J&Jの信条を議論し，次の文で締めくくった。「これらすべての原則が実行されてはじめて，株主は正当な報酬を享受することができるものと確信する」。

J&Jは，どのように株主に報いてきたのであろうか。J&Jが上場した1944年に株を1株購入していたとしたら，37ドル50セント支払っていたであろう。郵便切手が3セントで，コークが5セントの時代なので，それは高額であった。今日，J&Jの1株はグーグル株1株とほぼ同額の約450ドルになっている。

あなたは，J&Jの株を購入したことを後悔しないであろう。当時の1株は，株式分割があって，現在2,500株となっている。配当を再投資していたとすると，あなたの現在の保有価値は90万ドル以上になる[1]。

65年間の年間利回り（17%を超えている）に驚嘆するが，本当にすごいのは，技術的な大変動，政府による厳しい規制，激しい国際的な競争がみられた業界の中で適応してきたJ&Jの能力である。生やさしい市場ではなかったのである。

競合他社の多くが墓場送りとなる中で，J&Jはどのように勝ち残ったのか。答えはシンプルである。J&Jの役員は，適切な問いを尋ねる方法を知っており…，それから行動したからである。

「変化に適応する」は，最後の戦略実行のための必須課題である。長期にわたって変化への適応を成功させるためには，事業に携わる組織構成員が，あなたを取り巻く変化を絶えず予測し，それに対応することを確かにする必要があり，そのための適切な問いの尋ね方を学ばなければならない。最後の問いは，「どのような戦略上の不確実性が眠れなくさせるのか？」である。

どのような戦略上の不確実性が眠れなくさせるのか？

心配することは，全役員の職務の一部である。J&Jの役員は，組織構成員が十分に心配していないということも心配している。前CEOのラルフ・ラーセンは，以下のようにコメントしている。「組織構成員全員が，弊社が称賛企業10社に仲間入りするまでの素晴らしい物語を読みました。弊社は，とても好意的に描かれていました。その

ほとんどは相応のものでしたが，そうでないものもあります。私は，好意的な
描写によって，不健全な幸福感が組織にもたらされると感じました。すべてが
素晴らしいと思っている組織構成員に変革を求めることは至難の業です」[2]。

　あなたの職務は，健全で生産的な心配を作り出すことによって，変革を促す
ことである。あなたは，組織構成員を心配させるべきであって，その心配の焦
点は，現行戦略をひっくり返す可能性がある事柄に定まっているべきである。
あなたは適応を成功させるために，今起こっている戦略上の不確実性，すなわ
ち，戦略の土台となっている想定を無効にしうる脅威や不測の事態に焦点を定
めなければならない。そうすることで，組織構成員は，必要なときに決断力を
もって行動し，適応することができる。

　戦略上の不確実性に注意を払うことに失敗すると，多くのJ&Jの競合他社が
陥った結末が待っている。医療機器事業を営むある企業の役員は，企業が重要
としている売上目標と利益目標を達成したら，多額の報酬を支払うというボー
ナススキームに注意を払っていた。彼らは既存製品の出荷に焦点を定めすぎた
ので，技術の進展を見逃してしまった。彼らが短期的な数値目標を達成するよ
う事業を管理している間に，J&Jのマネジャーは隣接産業で現れ始めていた新
技術が引き起こすであろう影響について研究していた。市場におけるJ&Jの勝
利は，医療機器会社の役員が彼らを襲うことになる新技術を認識する前から決
まっていた。この不運な競合他社は，陳腐化した製品と共に取り残され，前進
するための道筋を見失ってしまった[3]。

　企業を取り巻く戦略上の不確実性に組織全体の焦点を定めることができな
かったというタイプの失敗例は，ありふれている。AOLで検討しよう。AOL
は，ダイアルアップサービスのプロバイダーという枠を超えて発展するために
奮闘していたが，役員は，ブロードバンドへのいかなる移行も緩やかであろう
と高を括っていた。事業に携わる組織構成員は，役員から切迫した指示がな
かったため，彼らを破滅へと導いた戦略上の不確実性への対応に失敗した。
グーグルやヤフーが，オンライン広告の稼ぎの大部分を勝ち取っただけではな
い。フェイスブックやユーチューブといった新興企業は，オンラインアクセス

とコミュニケーションサービスの役割を根本的に変化させた[4]。AOLは，かつて競争を主導する立場にあったが，今はレースの後方に取り残されている。

　戦略上の不確実性に関わる情報の収集と対応の失敗は，2008年から2009年にかけての金融危機の原因でもある。資産膨張の兆候はあったが，彼らはそれを取り上げなかった，もしくは無視した。ゴールドマン・サックスやJPモルガン・チェースといった注目に値するほんのわずかな企業のみが，組織の注意を脅威に向けることができていた。

　戦略上の不確実性，すなわち，既存の戦略を無効にしうる変化は，産業ごと，事業ごとに異なる。マイクロソフトの役員は，インターネットが自社の独立型のソフトウェア製品に与える影響を心配している。グーグルの役員は，独占権の濫用という非難がある中で政府の規制を心配している。新聞業界では，配送技術の変化と広告主の企業体力が，小売業界では，チャネルと顧客の購入パターンの変化が，役員を眠れなくさせる。

▶1 あなたが優先する事項を知らせる

　多くの役員は，現行戦略を脅かす可能性がある戦略上の不確実性を簡単に識別できるであろう。難題は，どのように事業に携わる組織構成員全員に伝えるかである。あなたは，ラリー・ボシディが「事業の将来に大きな影響を与える1％の必須情報の執拗な探求」と呼ぶものを引き出す必要がある[5]。

> どのように組織構成員全員の注意をこれらの不確実性に向けるのか？

どのように組織構成員全員の注意をこれらの不確実性に向けるのか。何に注意を向けるかは，上司が注視するものを全員が注視するというシンプルな真実によって決まる。格言にもあるように，「上司の興味をひくものは私を魅了する！」のである。

　あなたがすべきことは，知らせることである。組織構成員は，あなたが重要だと考えていること，自分たちが時間を費やすべきことを知るために，常にあ

なたを注視している。したがって，組織構成員に特定の一連の課題に焦点を定めてほしいときには，あなた自身が，目に見えるよう，一貫して，それらの課題に焦点を定めよう。そうすることで，それらの課題があなたと企業にとってどれだけ重要なのかを全員に伝えることができる。

　筆者は，このシンプルなアプローチを，主要製薬会社のCEOに対するインタビューの中で明確に理解した。彼は，戦略ならびに，グローバル展開，巨大な被買収企業を統合する能力，技術統合の困難性という彼を眠れなくさせる不確実性について説明した。

　彼は，インタビューの途中，机から茶色のレザーバインダーを取り出し，重要課題の見出しと彼が個人的に監視（モニタリング）しているアカウンタビリティを私に見せた。彼は，監視しているアカウンタビリティが，週次会議の議題，部下への質問，部下に提起する課題にどのように関連付けられているのかを説明した。

　6週間後にCEOの一，二階層下のマネジャーにインタビューするために筆者がこの会社を再訪したとき，あなたは，筆者が何を発見したと思うであろうか。なんと全員が，茶色のレザーバインダーを持っていたのである。CEOが，バインダーを配ったわけではない。CEOの個人的な情報システムを複製することが彼を満足させる唯一の方法であると全員が気付いたのである。

　上司が注視することに注意を払うというシンプルな現象は，戦略に重要な影響をもたらす。定例経営会議において，CEOが茶色のレザーバインダーを開けたときには，全員の準備が整っていた。全員が，CEOが監視している戦略上の不確実性が何かわかっているため，彼の質問を予想できた。また，後に続く双方向型の議論の中で，新たな良いトレンドと悪いトレンドを解釈して行動計画を示すことができた。これらのアイデアは時に，新戦略構想のためのシーズとなった。

　あなたの茶色のレザーバインダーは何であろうか。組織構成員に模索してほしい破壊的な変化を伝えるためにどのようなツールを利用しているのか。あなたが一貫して同じデータ群に焦点を定め，問いかけ，徹底的に調べていたとしたら，事業に携わる全員が同じようにするであろうか。これは，最も重要なあ

なたの仕事の1つとして位置付けられるべきである。

▶2 双方向型コントロールシステム

　すべての組織は，利益計画，バランスト・スコアカード，人的資源管理システム，原価計算システムなど多様な業績評価システムを持っている。これらの多くは，診断型として利用することができるし，すべきである。あなたは，これらのシステムの運用を専門スタッフに委譲することで，自身の関与を，年次目標の設定と定期的な例外報告に対する批評に限定することができる。

　双方向型コントロールシステムは異なる。双方向型コントロールシステムは，茶色のレザーバインダーのように，あなたが，一貫して，目に見えるように注視する情報システムである。双方向型コントロールシステムは，あなたにとって，とても重要であるため，事業に携わる全員が最優先で注意を向けるものとなる。

　あらゆる情報システムは，双方向型に利用できる。その情報システムは，茶色のレザーバインダーかもしれないし，利益計画かもしれないし，新規事業の予約システムかもしれない。選択するのは，あなたである。コントロールシステムは，双方向型のコントロールを有効にするために，①シンプルで簡単に理解できる情報を含んでいる，②現場マネジャー間の顔を突き合わせた対話を要求する，③討論・意見交換の焦点を戦略上の不確実性に定める，④新たな行動計画を生み出す，の4つの特徴を有していなければならない。

　J&Jの役員は，利益計画システムを双方向型に利用している。J&Jの各事業会社のマネジャーは，毎年4回，利益計画と次年度予測の見積もり，再見積もりを行っている。組織のボトムからトップまでが組織立って働き，全員が，状況の変化に応じて数値を改定し，改定された見積もりの正当性を主張する。

　マネジャーはさらに，ユニットの販売数量・売上高・純利益・ROIという4つの数字だけに焦点を定めた5年間・10年間の予想も出し，その正当性を主張する。これらの数字は，続く年次計画プロセスの中で，同一の2年（例えば，

2015年と2020年）で比較されながら再検討される。

　この双方向型のプロセスは，どのように機能するのであろうか。J&Jのセクター担当役員が事業会社を訪ねて，5年間・10年間の利益計画を批評するときの会話を想像してみよう。「教えてください，ロイ。あなたは，昨年，2015年の売上高の見積もりは，4億2,500万ドルだと言っていました。しかし，今日，見積もりを3億5,000万ドルに下方修正しています」。

　これに続く問いは予想できるであろう。「何が変わったのですか？」である。その答えは，当然ながら，事業の性質と変化の状況による。下方修正は，新たな競合他社が参入したためなのか。ライセンスの合意が変わったためなのか。もしくは，利益に影響しうる医療関連の法律が制定されたためなのか。逆の方向性も考えられる。マネジャーは，売上高の減少の代わりに，思いがけない売上高の増加を予測するかもしれない。それは，新技術が発見されたためなのか。競合他社が退出するためなのか。新たに発見された利用法によって需要が増加するためなのか。

　最初の問いは，「何が変わったのか？」で，次の問いは，「なぜなのか？」，そして，最も肝心な3番目の問いは，「変化に対して何をするのか？」である。

　双方向型のプロセスは，ここから実を結び始める。J&Jは，この問いかけのプロセスを長年にわたって継続適用してきた。マネジャーは，何が問われるかを予想できるため，暫定的な行動計画を事前に練っていた。彼らは，討論と意見交換の焦点を，新たに現れた機会と脅威に対処するためにはどのような資源配分が最適かという点に定めていた。その答えには，戦略と計画に少し修正を施すといった控えめのものもあれば，資本投資を必要とする，または事業の方向性が根本的に変わる著しいものもあった。

　このような双方向型の討論が持っている力は，以前から知られていた。25年以上も前，ITTのハロルド・ジェニーンは，彼が議長を務める双方向型の会議について以下のように説明していた。「学習し，互いに助け合うだけではありません。また，問題対応の速度と直行性を向上させるだけでもありません。私たちは，時折，会議がダイナミズムと熱意に包まれることによって，純粋な高

揚感を感じていました。私たちは，誰も議題に挙げていない新たなアイデアを生み出し，新製品，新たな冒険的事業，新たな方法を思いついたのです」6)。

　ゴールドマン・サックスは，まさにこのアプローチを採っている。その双方向型コントロールシステムは，戦略上の不確実性に焦点を定めており，競合他社の多くが陥った不動産担保証券の大失敗からゴールドマンを救った。ゴールドマンの役員は，双方向型に損益システムを利用する方法について以下のように説明する。「私たちは，毎日，事業の損益を見ています。多くのモデルの中で，最も重要視しているのが損益で，毎日チェックして，リスクモデルが提示する規範値と一致しているかを確認しています。不動産担保事業は，12月に10日間立て続けて損失が出ていました。多額ではありませんでしたが，この時点で，腰を据えて話し合うべきだと感じました」7)。

　役員のトップ15人は，ゴールドマンが保有していたトレーディングのポジションすべてを精査し，繰り返し討論を重ねる中で，この問題は，継続的に悪化していくであろうと感じ始めた。最初の2つの問いは，J&Jと同じものであった。何が変わったのか。なぜなのか。納得できる答えはなかった。古い戦略は，もはや機能していなかったのである。

　そして，彼らは，肝心な3番目の問いを尋ねた。「変化に対して何をするのか？」ゴールドマンの役員は，業界の動きに反して行動した。彼らは，不動産担保証券のリスクの程度を減らし，将来の損失に対する防衛策として残りのポジションをヘッジすると決めた。ゴールドマンは，シンプルな損益の双方向型利用を通じた迅速な行動によって，戦略を修正することができた。そして，競合他社が清算したり，政府に長期的な救済を請う中で繁栄した8)。

　ゴールドマン・サックスの事例は，戦略実行のための必須課題の1つを成功させることが，これまでの章で議論した他の必須課題へ注意を払う必要性を低減させるわけではないということを思い出させる（さらに警告する）。すべての必須課題は，相互に関係し合っている。ゴールドマンの役員は，双方向型コントロールシステムをうまく利用して，金融危機がもたらした損害から事業を救った。しかしその後，彼らは，住宅市場の衰退により不動産担保証券の価値

が減少すると利益を得ることができる投資商品を創って販売し，それを購入した投資家を誤った方向に導いたと非難された。

　この問題の根源は，中核となる価値観の腐敗と戦略上の境界の不備にある。ゴールドマンは，その歴史の多くを，「顧客の関心が常に最重要」という有名な，強い中核となる価値観を伴ったパートナーシップを土台に組織を編制してきた。1999年，ゴールドマンは株式公開会社となった。株主価値という焦点が新たに加わることで，多くの従業員は，利益と顧客の関心のどちらを優先すればよいのかわからなくなった。また，ゴールドマンはかつて，顧客の関心と衝突を生む可能性がある取引に従業員が関与することを禁じた明確な戦略上の境界を設定していた。この境界は，伝統的な助言サービスや投資銀行業務の出身ではない，トレーディング業務出身の役員によって，廃止されてしまった[9]。

▶**3** 双方向型で利用するシステムを選択する

　どのシステムを双方向型で利用すべきかは，事業戦略の土台となる戦略上の不確実性によって決まる。それは，J&Jでは利益計画システムであり，ゴールドマン・サックスでは日次損益であった。双方向型で利用すべきシステムは，企業ごとに異なる。なぜなら，戦略がそれぞれで異なるからである。サム・ウォルトンは，ベントンビルの本社を毎週訪れるよう地域マネジャーに要請し，顔を突き合わせた会議で，ウォルマートの店舗で売れた商品と売れなかった商品，また競合他社と比較したそれら商品の価格に関する最新の情報に基づいた議論を行っていた。双方向型の議論の焦点は，ローカル市場における脅威と不測の事態，またそれに対応するための行動計画に定められていた[10]。

　ブランドマーケティングを通じて参入障壁を創るペプシコやコカ・コーラのような企業の役員は，成熟製品の魅力を拡張させる方法について心配している（ニューコークの失敗を覚えているであろうか）。彼らのような役員は，ブランド収益システムを双方向型に利用する。彼らは，毎週更新される各地域の製品出荷量に関する情報を受け取り，それを精査することで競合他社がしているこ

とを学ぶ。彼らは，続く会議の焦点を，価格・販売促進手法・包装の変化への対応策に定め，そこから新戦略構想がしばしば生まれる。

　異なる戦略を採る企業は，異なる戦略上の不確実性に直面する。例えば，低コスト戦略を採る企業は，新技術が彼らの戦略の土台を削り取らないか心配している。そのような企業の役員は，プロジェクトマネジメントシステムを双方向型に利用することで，競合他社の製品を分解観察して他業界の技術的な発展を学び，事前に対応策を立てる。

　製薬会社の役員は，特許で守られたニッチ製品や利益率の高い製品を脅かしうる競争ルールの変更を心配している。彼らのような役員は，組織内の諜報システムを双方向型に利用して，現行戦略に影響する可能性がある社会・政治・技術環境の変化に関する情報を収集する。双方向型の議論の焦点は，新たに現れたトレンドの理解，製品の価格付けのための行動計画の策定，新法制定への働きかけに定められている[11]。

> どのシステムを変革を促すために双方向型に利用するのか？

どのシステムを変革を促すために双方向型に利用するのか。この問いに答えられないのなら，あなたは，あなたの事業戦略を遅かれ早かれ危うくする混乱への適応を促す最も重要な促進剤を失ってしまっている。

▶4　シンプルに保つ

　J&Jの5年間・10年間の計画は，正当な理由があって，4つの数字だけに焦点を定めている。双方向型のプロセスを機能させるためには，プロセスをシンプルに保たなければならない。このプロセスは，複雑なスコアカードや精緻な計画書類を作成するスタッフ部門に乗っ取られてはならない。組織構成員は，プロセスが複雑になってしまうと，根本的な課題に焦点を定められなくなるであろう。彼らは，競争トレンドの変化を模索する代わりに，貸借の計算を一致させること，想定を理解すること，データの信頼度を見極めることに貴重な時

間を費やしてしまうことになるであろう。

　ジャック・ウェルチは，シンプルな経営課題の声明を好んだため，スタッフ部門が準備してきた精緻な5年計画の書類を却下し，現場マネジャーたちがまとめ上げた行動計画を提示した[12]。ADPの役員は，戦略上の不確実性と行動計画に焦点を定めた議論書類である「1ページ集」を使って新構想に向かっている。1ページ集は，思考と行動計画を明確にするために，CEOと事業ユニット長の間を行きつ戻りつする[13]。

5　トップダウンで問いかける
── ボトムアップで学習する

　双方向型コントロールシステムでは，トップからの問いかけを利用することによって，ボトムからの情報の流れを活性化できる。これらの情報は，長い目で見た事業の健全性に影響を与えうるトレンドを学ぶ助けとなる。変化を最初に捉えるのは，技術・市場・顧客に近い組織構成員である。彼らは，変革を促進する者として，情報を上司に伝達することができるし，伝達しなければならない。

　このプロセスを機能させるためには，全事業の組織構成員に対して，状況の変化に対応するための新たなアイデアと行動計画を提案するよう求める必要がある。全員が，良い情報であれ悪い情報であれ，新たに取得した情報を上司と共有するよう促さなければならない。これは，2つの理由から簡単なことではない。

　初めに，組織構成員は忙しい。彼らは，双方向型のプロセスに参画するよう上司が求めない限り，新しい情報を模索するために，またそれを上司に伝達するために，仕事を中断しない。J&Jのセクター担当役員は，「あなたは忙しい組織構成員にこれをさせなければならないのです。そうしなければ，彼らは，勘定を確認したり，販売員に同行したり，製造現場に立ったりと日々の仕事をこなそうとするでしょう」と述べている。

　次に，組織構成員は，新しいアイデアを共有することに，もしくは歓迎され

ない意見を発することに臆病になっているかもしれない。低位のマネジャーは，悪い知らせの使者となることを嫌がっているかもしれない。また，上司の地位に挑むような意見を表明することを恐れるマネジャーもいるかもしれない。さらには，新しい情報をもとに業績のベンチマークが再設定されることでボーナスが失われてしまうことを恐れているマネジャーもいるかもしれない。

　競争にまつわる恐れも戦略上の不確実性に関する心配も，健全であって必要なものである。意見を発すること，ベストなアイデアを提案することが恐れられているのは，上司の役員が否定的な見解を聞きたくないからである。このような盲目は，災いを招く。

　ゴールドマン・サックスの役員が，ハイリスクのポジションから退くという困難な意思決定を行っていたとき，リーマン・ブラザーズのCEOであったリチャード・ファルドは，不動産担保証券を買い続け，この分野で業界トップになろうとしていた。事業に携わる組織構成員は，臆病になっていった。不動産担保証券デスクの上級トレーダーは，2007年のはじめ，金融モデルが急激な滞納と不履行の増加を示したことで，彼と彼の同僚は疑問と懸念を持ち始めたと回顧する。しかし，悪い知らせは，成長に向かい続けようというトップからのプレッシャーによって，役員が聞きたくない対象になってしまった。トレーダーは言う。「私たちと同じ職位で，上級マネジメントとは異なる見解を持っていた誰もが，すぐに転職しました。事を荒立てるために働いているわけではありませんから」[14]。

　インテルの前CEOであったアンディ・グローブは，組織構成員は上司の反応を恐れていたら悪い知らせを共有することを嫌がるという事実に直面したと述べている。

　「カサンドラの重要な役割は，戦略の転換点に注意を払うよう呼びかけることであると覚えておいてください。だから，どのような状況であっても，『使者を撃つ』べきではないし，そうするマネジャーを許してはなりません。この論点は，どれだけ強調しても足りないぐらい重要です。私は，戦略の議

論を抑制してしまう処罰への恐れを取り除くために，何年もの時を費やしました。たった一度きりの出来事が，処罰への恐れを植えつけました。この出来事は，山火事のように組織中に広がり知られ，皆を黙らせました。恐れは，一度蔓延すると，組織中を麻痺させ，末端からもたらされる悪い知らせを断ち切るのです」[15]。

2008年から2009年の金融危機で，適応に成功した金融サービス会社は，ゴールドマン・サックスだけではない。JPモルガン・チェースのCEOであるジェイミー・ダイモンは，先見の明を持ち，サブプライムローン事業から早々に撤退することで，金融危機がもたらした最悪の事態から企業を救ったことで名声を得ている。戦略上の不確実性を理解しようというダイモンの飽くなき努力は，伝説となっている。アメリカ合衆国の前商務長官で，企業責任担当の長であるビル・デイリーは，「私は，初めて出席した常務会で衝撃を受けました。全員が，ジェイミーに挑み，彼と討論し，彼が間違っていると言うのです。このような光景は，ビル・クリントンの閣僚会議でもなかったし，他の事業でもありませんでした」と述べている[16]。

　双方向型のプロセスを機能させるためには，あなたに悪い知らせを伝える，または，あなたの想定に欠点があるかもしれないと持ちかける勇気がある各個人に報奨を与えなければならない。アラン・ムラーリーがフォードの新CEOに着任したとき，役員たちは失敗を認めることを恐れた。彼らは，木曜日の朝の会議で，成功したこと（カラーコード「青」）のみを報告し，問題（カラーコード「黄」と「赤」）は報告しなかった。ムラーリーは役員たちに挑み，10億ドルも失っている企業で，どのようにして万事が成功しているのかと尋ねた。それから，北アメリカを統括するマーク・フィールズは，新車種フォードエッジの技術的な問題を報告した。生産の遅延は，避けられないであろう。部屋にいる全員が固唾を呑んで，新たな上司の反応を待った。「その場全体が死んだように静かになりました」とムラーリーは回顧する。「それから，私は拍手して，『マーク，明白に見える状態にしてくれて本当に感謝しています』と言っ

たのです。翌週，グラフは全て虹色になりました」[17]。

　あなたが模索する情報と洞察を得るためには，あなたの周りにいる組織構成員が，凝り固まった想定に挑むよう促さなければならない。しかし，想定の多くは議論の途上にあるため，これは困難な課題である。一方で，すべての失敗企業の根本的な敗因は，一連の想定が間違っていた点にある。われわれは，住宅の値段が全国で同時に落ちることは決してないと想定していた。われわれは，資産の多様性がリスクを取り除くと想定していた。われわれは，デジタルメディアへはゆっくり順序を追って移行されると想定していた。われわれは，顧客は価格を引き下げるために機能を減らすことを望んでいないと想定していた。

　J&Jは，組織構成員が想定に挑み，新たなアイデアを提案するよう促すために，双方向型のプロセスに参加した組織構成員に対して，主観的判断で報酬を与えている。前CEOのラルフ・ラーセンは，以下のように説明する。「私たちは，算定式によって報酬が決められるプログラムを持っていません。おそらく，それが，多くの他社との違いを生み出しています。私たちは，事業への長期的な貢献度に基づいて給与を支払います。それはとても主観的で……多くの判断が入っています。組織構成員は，高く動機付けられており，素晴らしい仕事をするために一生懸命働き，大抵は，かつて設定した目標より難しい目標を設定します。私は，財務目標をきっちり練って設定することは，意味がないと思いますし，間違っていると思います……。そうしてしまうと，ゲームに変わってしまい，組織構成員は，高い目標を目指すのではなく低い目標を保ちたいと思うようになるでしょう」[18]。

　業績連動型報酬の代わりとなる主観的な報酬は，双方向型のプロセスに対して4つの重要な便益をもたらす。初めに，役員は，歓迎されない意見を発し，真新しい解決策を提案する勇気のある組織構成員に対して報酬を与えることができる。これらのアイデアの多くは，短期的には，測定可能な効果が表れないため，業績連動型報酬ではカバーできない。次に，主観的な報酬によって，アイデアと実験の共有が促される。組織構成員は，彼らの努力を認識してもらえるように，これらを上司と共有したいと思うからである。3番目に，主観的に

報酬を配分することは，競争環境，意思決定のためのコンテクスト，選択され
なかった代替案を上級役員が理解することを求める。事業を理解するための努
力をしていなければ，報酬を公正に配分できないためである。最後に，主観的
な報酬は，報酬が機械的に業績と連動される際に必ず起きる実力の出し惜しみ
やゲームを起こりにくくする。

　信頼もまた重要である。前章の議論を思い出してほしい。組織構成員は，あ
なたを信頼しているときにだけ，助け合いにコミットする。この事例において
は，情報を共有することが該当するであろう。J&Jの役員は，議論の中で新た
なアイデアを強く求めるが，彼らのシステムには安全弁が組み込まれている。
信条は，重要な利害関係者に対する責任をまとめており，すべての意思決定が
長期的な視点からなされるよう求めている。それに加え，J&Jは，野心的な目
標による衝撃を和らげるために，それぞれの利益計画に不測の事態用の値を別
に設けている。マネジャーは，必要となれば，事業を危険にさらすかもしれな
いリスクを取るのではなく，不測の事態用の値を利用することができる。

　J&Jのある事業会社の社長は，双方向型の利益計画システムに対する彼の視
座を以下のようにまとめている。「これらの会議はとても重要です。私たちは，
課題について常に考え続けるべきなのです。しかしそれは，ずっと火と対峙し
続けているようなものですから大変です。J&Jのシステムは，私たちを立ち止
まらせて，私たちがいたところ，私たちが向かおうとしているところについて
熱心に検討させるのです。私たちは，問題の所在がわかっています。私たちは，
毎日それらに直面しています。これらの会議は，私たちに，どのように対応す
べきなのかを考えさせ，事業における良い変化と悪い変化を検討させるのです。
このシステムは，本当に創造力をかき立ててくれます」[19]。

　どのようにボトムアップの情報共
有を促すのか。あなたと，あなたの
周りにいる全員が，変化を予測し，
必要であれば適応する準備ができる

どのように
ボトムアップの情報共有を
促すのか？

ように，事業に携わる全員が，組織のボトムからトップまで情報を動かそうと

しているであろうか。

▶6 変化に適応する

　最後の戦略実行のための必須課題となる「変化に適応する」は，最も重要である。事業において，不変なものはない。必ず変化する。問題はただ１つ，準備しているかどうかである。双方向型のプロセスは，遅かれ早かれ，いつか現行戦略を無効にするであろう戦略上の不確実性に組織全体の焦点を定めることを可能にする。

　このプロセスを取り巻く討論・意見交換・学習によって，あなたは，他の６つの必須課題に取り組まなければならないと思うであろう。また，必要であれば，それらを変えなければならないと思うであろう。本書のアイデアを一連の問いとして発表した理由は，予測して行動する必要性を訴えたかったからである。一連の問いは，あなたを取り巻く世界が発展し変化するとき，討論され，探求されるべきである。

　今，あなたは，７つの問いと，それらがなぜ重要であるのかを理解している。戦略の実行を成功させるためには，明晰な思考を曇らせる複雑性を取り除かなければならない。シンプルさ。困難な選択。最優先顧客の選定。中核となる価値観による優先順位付け。必須の業績変数の厳選。戦略上の境界の設定。それから，イノベーションへの駆り立てと，適正なレベルのコミットメントの引き出し。

　事業に携わる組織構成員に７つの問いを尋ねる準備ができたとき，イントロダクションで述べた私の警告を思い出してほしい。７つの問い自体は，素材にすぎない。目的を達成するための手段でしかない。あなたの周りにいる組織構成員を戦略実行のプロセスに参画させるために，７つの問いをどのように使うのか。その使い方が，あなたの事業の価値を決めるであろう。

　参画のルールを思い出そう。

　▶顔を突き合わせて問いを尋ねよう。「互いに目を見る」人間の対話が重要

である。

▶確実に組織全体で参画のプロセスが流れるようにする。トップに限定すべきでなく，組織に溶け込ますべきである。

▶現場マネジャーをプロセスに巻き込む。専門スタッフは手を貸すことはできるが，彼らの参画は，データの入力・ファシリテーション・フォローアップに限定させるべきである。

▶誰が正しいかではなく，何が正しいかに関する健全な討論を行う。組織構成員全員が，肩書や社内政治を介入させないことを確かにする。

▶最も重要な問いですべての議論を終える。それは「変化に対して何をするのか？」である。

>>>注

1）Geoff Colvin and Jessica Shambora, "J&J: Secrets of Success," *Fortune*, May 4, 2009, 116-121.

2）Thomas J. Neff and James M. Citrin, *Lessons from the Top: Search for America's Best Business Leaders* (New York: Doubleday, 1999), 210.

3）Robert Simons and Antonio Davila, "ATH Micro Technologies: Making the Numbers," Case 9-108-091 (Boston: Harvard Business School, 2009).

4）Stephanie Mehta, "Can AOL Keep Pace?" *Fortune*, August 21, 2006, 29-30.

5）Larry Bossidy and Ram Charan, *Confronting Reality* (New York: Crown Business, 2004), 218. (高遠裕子訳『いま，現実をつかまえろ！―新世代・優良企業のビジネス法則』日本経済新聞社，2005)

6）Harold Geneen, *Managing* (New York: Avon, 1984), 106. (田中融二訳『プロフェッショナルマネジャー―58四半期連続増益の男』プレジデント社，2004)

7）*Ibid.*

8）Joe Nocera, "Risk Management," *New York Times Magazine*, January 4, 2009.

9）Jenny Anderson, "As Goldman Thrives, Some Say Ethos Fades," *New York Times*, December 16, 2009; "Goldman Employees Rally Around Blankfein," *New York Times*, April 20, 2010.

10）Bossidy and Charan, *Confronting Reality*, 189.

11）Robert Simons, "Strategic Orientation and Top Management Attention to Control Systems," *Strategic Management Journal* 12, no. 1 (January 1991): 49-62.

12）Scott Malone, "How Talking the Talk Can Transform a Firm," *Boston Globe*, January

27, 2008.

13) Robert Simons and Hilary Weston, "Automatic Data Processing," Case 9-190-059 (Boston: Harvard Business School, 1989).

14) Louise Story and Landon Thomas, "Tales from Lehman's Crypt," *New York Times*, September 13, 2009.

15) Andrew S. Grove, *Only the Paranoid Survive* (New York: Currency/Doubleday, 1996), 119. (佐々木かをり訳『パラノイアだけが生き残る―時代の転換点をきみはどう見極め, 乗り切るのか』日経BP社, 2017)

16) Shawn Tully, "Jamie Dimon's Swat Team," *Fortune*, September 15, 2008.

17) Alex Taylor, "Fixing Up Ford," *Fortune*, May 25, 2009, 49.

18) Neff and Citrin, *Lessons from the Top*, 214.

19) Robert Simons, "Codman & Shurtleff: Planning and Control System," Case 9-187-081 (Boston: Harvard Business School, 2000).

チェックリスト

第 1 の問い　誰が最優先顧客なのか？

▶ 最優先顧客の価値観を組織構成員全員が知っているのか？

▶ どのような組織を顧客に最大の価値を提供するために構築したのか？

▶ 最優先顧客以外の関係者に割り当てる経営資源を最低限に抑えているのか？

第 2 の問い　どのように中核となる価値観から株主，従業員，顧客に優先順位を付けるのか？

▶ どのような困難な決定が中核となる価値観により導かれたのか？

▶ 中核となる価値観は最優先顧客以外の関係者に対する責任を認識しているのか？

▶ 組織構成員全員は中核となる価値観にコミットしているのか？

第 3 の問い　どの必須の業績変数を追跡しているのか？

▶ どのような価値創造の理論をあなたは採用するのか？

▶ 何が戦略の失敗を引き起こすのか？

▶ どのように業績に対するアカウンタビリティを創り出すのか？

第 4 の問い　どのような戦略上の境界を設定したのか？

▶ 何が主たるレピュテーションリスクなのか？

▶ どのような行動が禁止されているのか組織構成員全員が知っているのか？

▶ どのような新戦略構想を支援「しない」のか？

第5の問い　どのように創造をもたらす緊張感を生み出すのか？

▶ どのように組織構成員全員が勝利を引き寄せる競技者のように考える
　よう動機付けるのか？
▶ どのようにユニットを超えたイノベーションを促進するのか？
▶ 委員会と二重の報告によってあなたの組織は複雑になりすぎていない
　か？

第6の問い　どれだけ従業員を助け合いにコミットさせるのか？

▶ どのような動機付けの理論をあなたは採用するのか？
▶ どのように成功に対する共有責任を創るのか？
▶ どのような影響をあなたの報酬策は他者を助けるコミットメントに与
　えるのか？

第7の問い　どのような戦略上の不確実性が眠れなくさせるのか？

▶ どのように組織構成員全員の注意をこれらの不確実性に向けるのか？
▶ どのシステムを変革を促すために双方向型に利用するのか？
▶ どのようにボトムアップの情報共有を促すのか？

原著の謝辞

　本書は25年前に執筆し始めた。この長い年月にわたって私の考えを導いてくれたすべての人々をここに記述することはできないが，以下，この本の完成にはなくてはならなかった人々に感謝を述べる。

　本書のプロジェクトは，ハーバードビジネスプレスの企画編集者であるキルステン・サンドバーグが，問いをベースとする本書のアイデアを自身の同僚に提案したことから始まり，最終的な原稿の編集や校正を指揮したアリソン・ピーターの手によって完了した。その間，アニア・ビエツコフスキはこの本を読みやすくするために，高度な編集スキルで多数の草稿をレビューし，修正を提案してくれた。

　研究員のキャスリン・ローゼンバーグとナタリー・カインドレッドは，本書の体裁を整えるための提案だけでなく，本書の議論をサポートする資料も収集し，重要な役割を担ってくれた。また，アシスタントのハイジ・メイはプロジェクトを順調に進めるために，私のスケジュール管理を助けてくれた。

　ハーバード大学の同僚であるレイ・ギルマーティン，デイビッド・ホーキンス，ミッシェル・ユルゲンス，ジェイ・ロッシュ，ウォーレン・マクファーラン，アシス・マルティネス-ジェレス，そして（特に）トム・パイパーなど，多くの人々が私の草稿に貴重なフィードバックを与えてくれた。7つの問いを示すという最良の方法に思い至ったのは，『ハーバード・ビジネス・レビュー』のデイビッド・チャンピオンのおかげである。私のメンターでもあり先生でもあるヘンリー・ミンツバーグもまた，私の2人の息子であるジェームズとイアンと同じように，建設的なフィードバックを与えてくれた。妻のジュディは私がアイデアを練り上げた時には辛抱強く私の考えに耳を傾け，それに対して質問し検証をしてくれた。彼女はこれまでずっと，私を励ましてくれた。

　ハーバード大学ビジネススクールの学部長であるジェイ・ライトからはとてもありがたい援助を受けた。つらい時に彼はずっと私をサポートしてくれた。

　ただし，ダナ・ファーバーがん研究所とブリガム・アンド・ウィメンズ病院の医師とスタッフ（特にトム・クランシー医師，ハービー・マモン医師，ジェフ・マイヤーハート医師，そしてマイク・ジナー医師）の並外れた技能とケアがなければ，私はここにおらず，本書が執筆されることも決してなかったであろう。

　すべての人々に心から感謝したい。

訳者あとがき

　本書『7つの問い –戦略実行のエッセンス–』は，ハーバード大学ビジネススクール教授ロバート・サイモンズの4冊目の著書*Seven Strategy Questions: A Simple Approach for Better Execution*の翻訳書である。原著は2010年に出版されているが，その内容は全く色褪せることなく，むしろ不確実性が高まっている今こそ読む価値があるといえるであろう。

　本書は，7つの「問い」を中心に据えた形で構成されているが，7つの「戦略実行のための必須課題」（①顧客に経営資源を割り当てる，②中核となる価値観に優先順位を付ける，③業績目標を追跡する，④戦略上のリスクをコントロールする，⑤イノベーションに駆り立てる，⑥コミットメントを引き出す，⑦変化に適応する）を認識し，その土台の上に「問い」を捉えると，体系的な理解が促進されるであろう。フォローアップの問いを含むそれぞれの「問い」は，それぞれの「戦略実行のための必須課題」に対処するための手段であり，本書は，「戦略実行のための必須課題」に対処するために，「問いかけ」というアプローチを採用しているのである。このアプローチは，ハーバード大学ビジネススクールの経営幹部向けプログラムでも用いられているものであるから，本書によって，サイモンズ教授の講義を疑似体験することができる。

　「戦略実行のための必須課題」に対処するためには，戦略実行のプロセスに事業に携わる組織構成員を参画させる必要がある。例えば，サイモンズ教授が最も重要な必須課題と位置付ける「変化に適応する」ためには，変化を最初に捉える技術・市場・顧客に近い組織構成員が持つ情報を入手しなければならず，彼らの参画が求められる。本書は，「問いかけ」のアプローチに焦点を当てているため，組織構成員の参画を前面にした記述とはなっていないが（参画のルールについては，強調して描かれている），組織構成員の参画の観点からも

ヒントが散りばめられている。例えば，「シンプルに保つ」重要性は，その1つであろう。イノベーションに駆り立てるための組織構造や変化に適応するための双方向型のプロセスが複雑になると，組織構成員は必須課題に関する活動に注力することが難しくなってしまうため，それらを「シンプルに保つ」ことが組織構成員の参画という観点からも重要となるのである。

　本書は，サイモンズ教授のこれまでの戦略実行に関する研究成果を「戦略実行のための必須課題」をベースに再構成したものであり，その内容の理解は，1995年と2005年の著書を読むことで深まるであろう。1995年の*Levers of Control: How Managers Use Innovative Control Systems to Drive Strategic Renewal*（邦訳『ハーバード流「21世紀経営」 4つのコントロール・レバー』産能大学出版部，1998年）は，事業戦略の実行を成功させるために，分析・理解しなければならない変数として，中核となる価値観，回避すべきリスク，必須の業績変数，戦略上の不確実性を挙げ，それぞれをコントロールするレバーとして，信条システム，境界システム，診断型コントロールシステム，双方向型コントロールシステムという4つの概念を提示している。また，2005年の*Levers of Organization Design: How Managers Use Accountability Systems for Greater Performance and Commitment*（邦訳『戦略実現の組織デザイン』中央経済社，2008年）は，戦略実行を成功へと導く最も重要な決定因として組織デザインに着目し，組織をデザインするために分析・理解しなければならない変数として，顧客定義，必須の業績変数，創造をもたらす緊張感，他者へのコミットメントを挙げ，それぞれに対処する組織デザインのレバーとして，ユニット構造，診断型コントロールシステム，双方向型ネットワーク，責任共有という4つの概念を提示している。それぞれの概念の詳細な説明は各著書に譲るが，これらの概念は，本書で提示された「戦略実行のための必須課題」に対処するための骨子となっている（①顧客に経営資源を割り当てる：ユニット構造，②中核となる価値観に優先順位を付ける：信条システム，③業績目標を追跡する：診断型コントロールシステム，④戦略上のリスクをコントロールする：境界システム，⑤イノベーションに駆り立てる：双方向型ネットワーク，

⑥コミットメントを引き出す：責任共有，⑦変化に適応する：双方向型コント
ロールシステム）。なお，2000年の*Performance Measurement and Control
System for Implementing Strategy*（邦訳『戦略評価の経営学—戦略の実行を
支える業績評価と会計システム』ダイヤモンド社，2003年）は，専門書ではな
くテキストの位置付けであるが，管理会計を体系的に理解できる良書であるた
め，こちらも是非読んでほしい。

　本書のプロジェクトは，金の企画により始まった。翻訳にあたっては，金が
イントロダクションおよび1・2章を，中澤が3・4章を，天王寺谷が5・
6・7章を担当したが，定期的に研究会を開催し，3名の翻訳者，時には監訳
者も加わり，全員が各章の翻訳をチェックする体制で臨んだ。研究会では，翻
訳を相互に確認するのみでなく，キーワードとなる用語をどのように翻訳する
かなどの議論を繰り返し丁寧に行い，適切な訳出に努めた。その際の基準とし
て，サイモンズ教授の言葉を借りれば「最優先顧客」とわれわれが捉えた実務
家の方々の理解可能性を重視した。そのため，これまで出版された翻訳書の訳
語を踏まえながらも，それらとは異なる訳出となった用語も多々ある。また，
サイモンズ教授特有の表現方法に起因し，訳出が難しい用語もあった。例えば，
peopleが意味する内容は，「組織の構成員全体」や「事業に携わる従業員」な
ど，文脈に依存して訳出することもできたが，原著が意味する内容と異なる可
能性があったため，基本的には「組織構成員」という訳語で統一している。

　本書が提示している「7つの問い」は，時代や場所を問わない戦略実行のた
めの普遍的な「問いかけ」であるといえるが，その「答え」は，読者の方々の
内にある。つまり，本書が提供するのは，「問いかけ」に対する「答え」では
なく，「問いかけ」そのもののプロセスなのであり，「問いかけ」に対する「答
え」は，そのプロセスを経ることによってはじめて得られるのである。その点
において本書の価値は，読者の方々が「7つの問い」に答えていくプロセスを
通じて生み出される。

　「7つの問い」が時代や場所を問わないものである以上，本書が想定する
「最重要顧客」の範囲もまた，時代や場所を問わない。戦略実行のバイブルと

して，本書が時代を超えて，将来の経営者やマネジャーにも読み継がれるものになるのであれば，翻訳者にとってこれ以上喜ばしいことはない。

天王寺谷　達将・中澤　優介・金　宰弘

索　引

人名・団体名索引

　ロバート・サイモンズ（ROBERT SIMONS）は，ハーバード・ビジネススクール・チャールズ・ウィリアムズ基金講座の経営学の教授である。サイモンズは，過去25年にわたってハーバードのMBAと役員教育プログラムにて，会計，マネジメントコントロール，戦略実行のコースを担当してきた。彼は，アドバンスト・マネジメント・プログラムのチェアマン，ドライビング・コーポレート・パフォーマンス・プログラムの協同チェアであり，MBAで，利益目標と戦略の実現（Achieving Profit Goals and Strategies），業績を生む組織デザイン（Designing Organizations for Performance）の２つのコースを開発した。

　サイモンズは，これまで刊行された３冊の*Levers of Control, Levers of Organization Design, Performance Measurement and Control Systems for Implementing Strategy*の著者である。彼が継続してきた，事業戦略，組織デザイン，マネジメントコントロールシステム間の関係性についての研究は，*Harvard Business Review, Sloan Management Review, Strategic Management Journal*といったマネジメント系の雑誌に掲載されている。

　カナダの勅許会計士であるサイモンズは，マギル大学からPhDを授与されている。彼は，アメリカ合衆国連邦裁判所にて専門家証人や，世界中の企業のコンサルタントを務めてきた。

>>>監訳者紹介

國部　克彦（こくぶ　かつひこ）

神戸大学大学院経営学研究科教授

大阪市立大学助教授，神戸大学助教授を経て，2001年より現職。大阪市立大学博士（経営学）。主著に，『創発型責任経営』（日本経済新聞出版社，2019年），『アカウンタビリティから経営倫理へ』（有斐閣，2018年），『CSRの基礎』（中央経済社，2017年）など多数。

>>>訳者紹介

天王寺谷　達将（てんのうじや　たつまさ）

岡山大学大学院社会文化科学研究科講師

広島経済大学助教，准教授を経て，2018年より現職。神戸大学博士（経営学）。主要業績に「イノベーションと管理会計研究の今後の方向性：Robert Simonsの理論面での貢献の考察を足掛かりとして」（『管理会計学』，2018年）など。

中澤　優介（なかざわ　ゆうすけ）

愛知学院大学商学部准教授

愛知学院大学講師を経て，2018年より現職。神戸大学博士（経営学）。主要業績に「追求ではなく構築するものとしてのアカウンタビリティ：インテリジェント・アカウンタビリティに見る会計の役割」（『社会関連会計研究』，2012年）など。

金　宰弘（キム　ゼホン）

関東学園大学経済学部経営学科准教授

関東学園大学講師を経て，2020年より現職。神戸大学博士（経営学）。主要業績に「日本企業におけるサステナビリティ・マネジメント・コントロール・システムの活用：制度的要因の影響と企業パフォーマンスへの効果」（『原価計算研究』，2020年）など。

7つの問い

戦略実行のエッセンス

2021年3月30日　第1版第1刷発行

著　者	ロバート・サイモンズ
監訳者	國　部　克　彦
訳　者	天 王 寺 谷　達　将
	中　澤　優　介
	金　　　宰　弘
発行者	山　本　　　継
発行所	㈱中 央 経 済 社
発売元	㈱中央経済グループ パ ブ リ ッ シ ン グ

〒101-0051　東京都千代田区神田神保町1-31-2
電話　03 (3293) 3371(編集代表)
　　　03 (3293) 3381(営業代表)
https://www.chuokeizai.co.jp
印刷／㈱堀 内 印 刷 所
製本／有井 上 製 本 所

© 2021
Printed in Japan

環境経営イノベーションシリーズ 全10巻

植田和弘・國部克彦〔責任編集〕

環境と経済の両立を実現するためのマネジメント手法である「環境経営」。地球環境問題が喫緊の課題となった今日，環境経営は従来の手法を遥かに超えた次元に到達する必要がある。「環境経営イノベーション」シリーズは，革新的なマネジメント手法とそれを創造するための仕組み作りについての理論・実践方法を追求するとともに，それを支えるマーケットや社会の変革方法についても提言。環境経済と環境経営の架橋ともいうべき待望のシリーズ。

中央経済社

地球温暖化を防ぐためには，企業レベルではなくサプライチェーンのレベルで低炭素化に取り組まなければならない。それを実現するためのモデルを開発・提言する。

低炭素型
サプライチェーン経営
MFCAとLCAの統合

■國部克彦・伊坪徳宏・中嶌道靖・山田哲男〔編著〕
■A5判・264頁
■ISBN：978-4-502-14561-2

地球温暖化の要因である温室効果ガスを削減するためには，一企業レベルではなく，サプライチェーン全体で低炭素化を目指す必要がある。それを実現するための手段を検討する。

◆ 本書の主な内容 ◆

中央経済社

ベーシック＋ プラス

Basic Plus

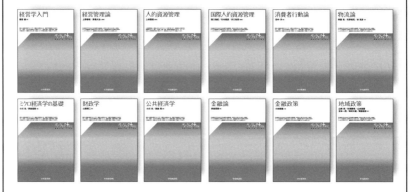

経営学入門　　経営管理論　　人的資源管理　　国際人的資源管理　　消費者行動論　　物流論

ミクロ経済学の基礎　　財政学　　公共経済学　　金融論　　金融政策　　地域政策

いま新しい時代を切り開く基礎力と応用力を
兼ね備えた人材が求められています。
このシリーズは，各学問分野の基本的な知識や
標準的な考え方を学ぶことにプラスして，
一人ひとりが主体的に思考し，行動できるような
「学び」をサポートしています。

Let's
START!
学びにプラス！
成長にプラス！
ベーシック＋で
はじめよう！

中央経済社